Esta arte da
psicanálise

DIRETORIA DA SOCIEDADE PSICANALÍTICA DE PORTO ALEGRE

Presidente
Dr. Sérgio Lewkowicz

Diretora Administrativa
Dra. Alda Regina Dorneles de Oliveira

Diretora Científica
Dra. Anette Blaya Luz

Diretora Financeira
Psic. Eleonora Abbud Spinelli

Diretor do Instituto
Dr. Ruggero Levy

Diretor de Publicações
Dr. José Carlos Calich

Diretora de Divulgação e Relação com a Comunidade
Psic. Luciane Falcão

Diretora da Área da Infância e Adolescência
Dra. Maria Lucrécia S. Zavaschi

DIRETORIA DE PUBLICAÇÕES
Dr. José Carlos Calich – **Diretor**
Dra. Carmem Emilia Keidann
Dr. César Luís de Souza Brito
Psic. Heloisa Cunha Tonetto
Dr. Rui de Mesquita Annes
Dr. Zelig Libermann

O34e   Ogden, Thomas H.
          Esta arte da psicanálise : sonhando sonhos não sonhados e gritos interrompidos / Thomas H. Ogden ; tradução Daniel Bueno. – Porto Alegre : Artmed, 2010.
          168 p. ; 23 cm.

          ISBN 978-85-363-2233-9

          1. Psicanálise. I. Título.

                                             CDU 159.964.2

Catalogação na publicação: Renata de Souza Borges CRB-10/1922

Esta arte da psicanálise

Sonhando sonhos não sonhados
e gritos interrompidos

Thomas H. Ogden
Membro Titular da Associação Psicanalítica Internacional

Tradução:
Daniel Bueno

Consultoria, supervisão e revisão desta edição:
Anette Blaya Luz
*Psiquiatra. Membro Efetivo da Sociedade de Psiquiatria do RS.
Psicanalista. Membro Efetivo da Sociedade Psicanalítica
de Porto Alegre (SPPA). Diretora Científica da SPPA*

artmed®

2010

Obra originalmente publicada sob o título *This Art of Psychoanalysis*
ISBN 978-0-415-37289-3
© 2005, Thomas H. Ogden

Capa
Paola Manica

Preparação do original
Aline Pereira de Barros

Editora Sênior – Saúde mental
Mônica Ballejo Canto

Projeto e editoração
Armazém Digital® Editoração Eletrônica – Roberto Carlos Moreira Vieira

Reservados todos os direitos de publicação, em língua portuguesa, à
ARTMED® EDITORA S.A.
Av. Jerônimo de Ornelas, 670 - Santana
90040-340 Porto Alegre RS
Fone (51) 3027-7000 Fax (51) 3027-7070

É proibida a duplicação ou reprodução deste volume, no todo ou em parte, sob quaisquer formas ou por quaisquer meios (eletrônico, mecânico, gravação, fotocópia, distribuição na Web e outros), sem permissão expressa da Editora.

SÃO PAULO
Av. Angélica, 1091 - Higienópolis
01227-100 São Paulo SP
Fone (11) 3665-1100 Fax (11) 3667-1333

SAC 0800 703-3444

IMPRESSO NO BRASIL
PRINTED IN BRAZIL
Impresso sob demanda na Meta Brasil a pedido de Grupo A Educação.

Com gratidão aos membros, do passado e do presente,
dos Seminários das Quartas e Sextas-Feiras

Prefácio

Desde o início, a escrita deste livro teve um significado altamente pessoal para mim. Esta foi uma experiência que tem algo a ver com o sentimento de escrever uma série de cartas durante alguns anos a um colega sobre a temática de como estou concebendo a psicanálise neste ponto de minha vida. Considero totalmente natural que todas as minhas atuais crenças sobre a teoria e a prática da psicanálise estejam em processo de mudança até mesmo no processo de escrever (ou, mais precisamente, em especial no processo de escrever). Borges (1970a) disse que passou sua vida inteira reescrevendo seu primeiro livro de poemas publicado. Tenho um sentimento semelhante em relação às minhas tentativas de colocar em palavras meu entendimento dos aspectos da psicanálise que são mais importantes para mim, e dizer como eles passaram a ser uma parte integrante de quem sou e de quem estou me tornando como psicanalista. Este livro representa o capítulo mais recente deste esforço de uma vida inteira.

Apresentação à edição brasileira

Agradecemos enfaticamente à *The New Library of Psychoanalysis*, nas pessoas de Dana Birksted-Breen (Editora) e Elias Mallet da Rocha Barros (Editor para América Latina) por terem aderido imediatamente ao projeto da coleção de Psicanálise da Sociedade Psicanalítica de Porto Alegre.

Esta arte da psicanálise é a segunda obra pertencente à coleção da Sociedade Psicanalítica de Porto Alegre em sua profícua parceria com a Artmed Editora. Seu autor, Thomas H. Ogden, é um dos principais autores e escritores psicanalíticos da atualidade, sendo o sucesso de suas publicações conhecido em todos os locais onde a psicanálise está representada na cultura e nas alternativas de tratamento da dor psíquica.

Ogden graduou-se em Medicina e realizou residência em Psiquiatria na Universidade de Yale. Fez sua formação psicanalítica no Instituto de Psicanálise do Norte da Califórnia (*Psychoanalytic Institute of Northern California*), do qual atualmente é membro efetivo e analista didata.

Seu interesse pela literatura e seu talento para a escrita, associados a uma compreensão em profundidade de um grupo plural de autores psicanalíticos, resultam em sua incomum habilidade de produzir textos ricos, criativos, claros e esclarecedores, reunindo conteúdo denso e forma sensível capazes de transmitir de modo vivo e pulsante sua experiência emocional no contato com aspectos íntimos, sutis, difíceis e complexos, tanto seus quanto de seus pacientes, no trabalho analítico. Ogden utiliza um estilo de linguagem que promove ligações e estimula a reflexão, evocando no leitor imagens de experiências emocionais vivas, repletas de significados, tornando-se leitura informativa e motivante.

Seu trabalho parte principalmente de conceitos de Freud, Klein, Bion e Winnicott, acrescidos, dentre outros, de Tustin, Searles, Fairbairn, Guntrip, Balint, Baranger, Bryce-Boyer, Loewald e Grotstein em uma trama cuidadosamente articulada que o permite cotejar conceitos, explorá-los, expandi-los e mesmo transcendê-los.

Este é, por exemplo, o caso de sua concepção de uma posição autista--contígua (1989), complementar à esquizoparanoide e depressiva de Klein, que conduz à noção de três diferentes tipos de transferências correlacionadas às três posições. É também o caso de sua concepção, amplamente difundida, do "terceiro analítico" (1994), descritor do fenômeno intersubjetivo entre a pessoa do paciente e a do analista e do fenômeno de relação entre a transferência e a contratransferência (o artigo "Identificação projetiva e o terceiro subjugador" foi originalmente publicado em nossa *Revista de Psicanálise da Sociedade Psicanalítica de Porto Alegre*, em 1994).

A já extensa obra de Ogden (em torno de 50 artigos e 8 livros, traduzidos em diversas línguas – apenas *Os sujeitos da psicanálise* (1996) traduzido para o português), ainda que abrangendo tópicos diversos em psicanálise, tem como uma espécie de pano de fundo organizador dois temas a que se ocupa centralmente na obra atual: a atividade onírica como função psicanalítica mais importante, individual e partilhada, do psiquismo humano e a transformação de experiências emocionais não integralmente vividas (vividas através da voz de outros e de sintomas destrutivos (1995, 1998)) em formas próprias, plenas em sua vitalidade e voz. No presente livro, essas temáticas estão ampliadas à luz do referencial teórico de Wilfred Bion.

Em *Esta arte da psicanálise*, Ogden reúne artigos escritos entre 2002 e 2005, dos quais aquele que dá o nome ao livro foi premiado pela IPA (Associação Psicanalítica Internacional) em seu Congresso de 2005, no Rio de Janeiro, como sendo o melhor trabalho psicanalítico publicado no ano de 2004. Nesse capítulo, Ogden avança na já mencionada questão da vitalidade, agora utilizando o referencial de Bion e a centralidade da vida onírica para o psiquismo. Sugere que o analisando vem a tratamento buscar ajuda para sonhar seus sonhos não sonhados, que ele relaciona aos "terrores noturnos", bem como para poder terminar de sonhar seus "pesadelos" ou sonhos interrompidos. Propõe que os sonhos interrompidos sofreram essa interrupção porque a dor mental que produzem ultrapassa a capacidade de contenção psíquica do sonhador. Os sonhos não sonhados são compreendidos como aspectos psicóticos e forcluídos psiquicamente, enquanto os sonhos interrompidos são vistos como manifestações neuróticas (ou não psicóticas) do funcionamento mental do sonhador.

Ogden retoma este tema no Capítulo 4, onde explora o fenômeno "Sobre não ser capaz de sonhar" (diferente de não ser capaz de lembrar-se do sonho). Descreve detalhadamente como a capacidade onírica cria a diferença entre a mente consciente e a mente inconsciente. Assim, o indivíduo que não é capaz de sonhar não pode diferenciar a experiência consciente da inconsciente, não podendo saber se está acordado e percebendo a realidade ou se está dormindo e sonhando. Ogden destaca que a tarefa analítica seria de auxiliar o paciente a sonhar seus sonhos interrompidos ou não sonhados até aquele momento. Para isso, analista e analisando precisam identificar o que é verdadeiro da experiência emocional que compartilham que possa ser transformado e utilizado para produzir mudança psíquica.

Apresentação à edição brasileira   **xi**

O Capítulo 2, "Do que eu não abriria mão", parece conter a contribuição mais original de Ogden neste livro, tanto no que se refere ao conteúdo como na qualidade de seu estilo de escrita, que torna sua leitura particularmente prazerosa. Propõe seis qualidades ou características que um analista precisaria ter e cultivar para fazer uma psicanálise que pudesse realmente merecer tal nome. São elas: ser humano, ter a capacidade de *encarar a música*, ser responsável, poder pensar em voz alta, suportar não saber e ter a capacidade de *sonhar-se sendo*:

> Sonhar nossa própria experiência é adquirir a posse dela no processo de sonhá-la, pensá-la e senti-la. A nossa continuidade de ser – o "zumbido" de fundo de estar vivo – é o "som" contínuo de sonhar-se sendo. A psicanálise, dessa perspectiva, é uma forma de relacionamento psicológico na qual o analista participa do sonhar os sonhos anteriormente não sonhados e interrompidos do paciente. A meta da psicanálise não é simplesmente sonhar os sonhos não sonhados e interrompidos do paciente no *setting* analítico. A participação do analista no sonhar a experiência anteriormente insonhável do paciente é um meio para um fim: o paciente desenvolver sua capacidade de sonhar sua experiência sozinho. O fim da experiência analítica é medido não tanto pelo grau de resolução do conflito intrapsíquico quanto pelo grau em que o paciente tornou-se capaz de sonhar sua experiência sozinho. (p.45)

O Capítulo 3, "Uma nova leitura das origens da teoria das relações objetais", é dedicado a compreensão das origens da "teoria das relações de objeto" a partir da análise minuciosa da articulação de conteúdos e da linguagem de Freud em *Luto e melancolia*. Ogden examina o modo como Freud utilizou sua exploração do trabalho inconsciente do luto e da melancolia para propor alguns dos princípios centrais de sua revisão do modelo de mente (que posteriormente seria chamado de "teoria das relações objetais"). Destaca:

> (1) a ideia de que o inconsciente é organizado em grau significativo em torno de relações objetais internas estáveis entre partes dissociadas pareadas do ego; (2) a noção de que podemos nos defender da dor psíquica por meio de substituição de um relacionamento objetal externo por um relacionamento objetal interno fantasiado inconsciente; (3) a ideia de que os laços patológicos de amor misturado com ódio estão entre os mais fortes vínculos que ligam os objetos internos entre si em um estado de mútuo aprisionamento; (4) a noção de que a psicopatologia das relações objetais internas muitas vezes envolve o uso de pensamento onipotente em uma medida que impede o diálogo entre o mundo objetal interno inconsciente e o mundo da experiência real com objetos externos reais; e (5) a ideia de que a ambivalência nas relações entre objetos internos inconscientes envolve não apenas o conflito entre amor e ódio, mas também o conflito

entre o desejo de continuar a viver em nossos relacionamentos objetais e o desejo de estar de acordo com nossos objetos internos mortos. (p.66)

No Capítulo 5, "O que é verdadeiro e de quem foi a ideia?", o autor enfoca a dupla analítica frente à tarefa, frente à suposta verdade emocional, ligada ao sentimento de "estar presente e vivo no mundo". Discute o que entende como esta suposta verdade e a participação de ambos em sua construção. Sendo uma verdade de todos e de ninguém – de um sujeito que é tanto o paciente quanto o analista, e de nenhum dos dois: o analista, ao interpretar o que intui como verdadeiro (dar forma verbal e simbólica ao que está sendo vivido) da experiência inconsciente do paciente, altera a própria experiência, criando uma nova experiência com outras verdades inconscientes que mais uma vez serve para o trabalho psicológico da dupla numa espiral que tende ao infinito, expandindo as possibilidades de significação.

O Capítulo 6, "Lendo Bion", é dedicado exatamente ao exame desta evolução quase infinita do trabalho psicológico realizado ao longo de uma análise. Ogden sugere que há uma "mistura de linguagens" na obra de Bion e que este utiliza duas concepções distintas de psicanálise, estando aí uma das razões de sua obra gerar tanta discussão e confusão. O Bion inicial conceberia a psicanálise como um processo interminável, de clarificar obscuridades e de obscurecer clarificações, enquanto, em uma fase posterior, Bion proporia uma psicanálise direcionada à expansão infinita de significados.

No Capítulo 7, "Sobre sustentar e conter, ser e sonhar", Ogden busca ampliar a reflexão sobre outra confusão frequente a respeito de dois conceitos fundamentais da psicanálise moderna: o *holding*, de Winnicott, e a relação conteúdo-continente, de Bion. Sua ideia é que a relação conteúdo(pensamentos inconscientes)-continente(a capacidade para sonhar e pensar), pedra angular da compreensão de Bion dos processos psicológicos, ocupa-se necessariamente do processo de pensamento – o sonhar – derivados da experiência emocional inconsciente. Enquanto para Winnicott, o conceito de *holding* seria visto como fundante do psiquismo, sendo a internalização deste *holding* ao longo dos processos maturacionais que permitiria ao bebê a diferenciação eu e não eu. O *holding*, portanto, teria uma primeira função ontológica de estabelecimento de um eu (de um ser) e sua relação com o tempo.

"Sobre a escrita psicanalítica" é o último tema abordado pelo autor neste livro. O Capítulo 8 é dedicado à reflexão, com a elegância e intensidade próprias de Ogden, do como escrever e descrever em palavras uma experiência emocional que ainda não foi vivenciada pela linguagem simbólica da fala ou da escrita. Este é o paradoxo que torna tão peculiar a escrita psicanalítica. Ogden sugere que o que analistas fazem é criar uma "ficção" ("uma versão imaginativa de uma experiência em palavras") que possibilita transmitir ao leitor algo do que é vivido como verdadeiro da experiência emocional analítica com aquele paciente naquele momento através de personagens com vitalidade e tridimensionalidade. "A arte da escrita psicanalítica reside em conseguir sustentar um diálogo vital entre a experiência analítica vivida e a vida da história escrita (p.141)."

Ogden percorre, assim, diversos aspectos da obra de Bion com reflexões profundas, cuidadosas e, fiel à sua receita, plenas de estímulos oníricos e vitalidade.

Nossos agradecimentos a Thomas H. Ogden, por ter imediatamente aderido a nosso projeto da "Coleção de Psicanálise da Sociedade Psicanalítica de Porto Alegre".

Desejamos uma boa leitura a todos.

José Carlos Calich
Diretor de Publicações da
Sociedade Psicanalítica de Porto Alegre

Anette Blaya Luz
Diretora Científica da Sociedade
Psicanalítica de Porto Alegre

REFERÊNCIAS

OGDEN, T. H. On the concept of an autistic-contiguous Position. *International Journal of Psycho-Analysis*, v.70, p.127-140, 1989.

_____. Identificação projetiva e o terceiro subjugador. *Revista de Psicanálise de Sociedade Psicanalítica de Porto Alegre*, v.2, p.153-162, 1994.

_____. Analysing forms of aliveness and deadness of the transference-countertransference. *International Journal of Psycho-Analysis*, v.76, p.695-709, 1995.

_____. Os sujeitos da psicanálise. São Paulo: Casa do Psicólogo, 1996.

_____. A question of voice in poetry and psychoanalysis. *Psychoanalytic Quarterly*, v.67, p.426-448, 1998.

Sumário

Prefácio vii
Apresentação à edição brasileira ix

1 Esta arte da psicanálise: sonhando sonhos
não sonhados e gritos interrompidos 17
2 Do que eu não abriria mão 39
3 Uma nova leitura das origens da teoria das relações objetais ... 48
4 Sobre não ser capaz de sonhar 68
5 O que é verdadeiro e de quem foi a ideia? 86
6 Lendo Bion 103
7 Sobre sustentar e conter, ser e sonhar 121
8 Sobre a escrita psicanalítica 139

Créditos 155
Referências 157
Índice 163

1

Esta arte da psicanálise: sonhando sonhos não sonhados e gritos interrompidos

I

A arte da psicanálise em sua gênese, um processo de inventar a si mesma durante o caminho, é o tema deste capítulo. A psicanálise é uma experiência emocional vivida. Como tal, ela não pode ser traduzida, transcrita, registrada, explicada, compreendida ou contada em palavras. Ela é o que é. Não obstante, acredito ser possível dizer algo sobre essa experiência vivida que é útil para pensarmos sobre aspectos do que acontece entre os analistas e seus pacientes quando estão envolvidos no trabalho psicanalítico.

Considero útil em meu próprio pensar – o que muitas vezes acontece no ato de escrever – limitar-me inicialmente ao uso do mínimo de palavras em uma tentativa de expressar essências de significado. Faz parte de minha experiência de que na escrita psicanalítica, assim como na poesia, uma concentração de palavras e de significado faz uso do poder da linguagem para sugerir o que ela não pode dizer. Inicio este capítulo oferecendo uma proposição muito condensada – o processo analítico, da forma como o concebo – e então passo a discutir mais detidamente esse conjunto condensado de ideias. Como cada elemento de minha concepção de psicanálise é inseparável dos outros, existem muitos momentos neste capítulo onde volto atrás, ou salto à frente, a respeito de uma afirmação sequencial inicial. (Talvez isso reflita algo da natureza do movimento da própria experiência analítica.) Concluo apresentando uma descrição detalhada de uma experiência na qual o paciente e eu fomos capazes de pensar, e falar, e sonhar sonhos (anteriormente) não sonhados e interrompidos.

II

Uma pessoa consulta um psicanalista porque está sofrendo emocionalmente; sem saber, é incapaz de sonhar (isto é, incapaz de elaboração psicológica inconsciente) ou fica tão perturbada com o que está sonhando que seu sonho é interrompido. À medida que é incapaz de sonhar sua experiência emocional, o indivíduo é incapaz de mudar, ou de crescer, ou de tornar-se diferente de quem ele tem sido. Paciente e analista engajam-se em uma experiência nos termos da situação psicanalítica desenhada com o objetivo de gerar condições para que o analisando (com a participação do analista) possa se tornar mais capaz de sonhar seus sonhos não sonhados e sonhos interrompidos. Os sonhos sonhados pelo paciente e pelo analista são, ao mesmo tempo, seus próprios sonhos (e devaneios) e os sonhos de um terceiro sujeito, que é tanto o analista e o paciente quanto nenhum deles.

Durante sua participação no sonhar os sonhos não sonhados e interrompidos do paciente, o analista vem a conhecê-lo de um modo e em uma profundidade que podem lhe permitir dizer algo ao paciente que seja verdadeiro para a experiência emocional consciente e inconsciente que está ocorrendo no relacionamento analítico em um dado momento. O que o analista diz deve ser utilizável pelo paciente para propósitos de elaboração psicológica consciente e inconsciente, ou seja, para sonhar sua própria experiência, deste modo sonhando-se existir mais plenamente.[1]

III

Antes de eu tentar "desembrulhar" a afirmação anterior, dois conjuntos de comentários introdutórios são necessários: o primeiro aborda o contexto teórico para a discussão subsequente; o segundo aborda um par de metáforas para os estados psíquicos em que os pacientes procuram a análise e com os quais lutam durante a análise.

Uma parte essencial da base teórica para meu modo de conceitualizar a prática da psicanálise deriva-se da (de minha interpretação da) teoria de Bion do sonhar e de não ser capaz de sonhar. (Anteriormente discuti este aspecto da obra de Bion [Ogden, 2003a] e vou apenas fazer um resumo sucinto dos aspectos relevantes daquela discussão aqui.)

Bion (1962a) introduziu o termo "função-alfa" para se referir ao conjunto ainda desconhecido de funções mentais que juntas transformam "impressões sensórias brutas relacionadas a uma experiência emocional" (p. 17), as quais denomina "elementos-beta", em "elementos-alfa". Os elementos-beta – impressões sensoriais não processadas – não podem ser ligados entre si e, consequentemente, não podem ser utilizados para pensar, sonhar ou armazenar na memória. Em contraste, os elementos-alfa são elementos da experiência que podem ser ligados entre si no processo consciente e inconsciente de pensar e de sonhar (tanto enquanto estamos acordados quanto dormindo). Para Bion,

> A falha na função-alfa significa que o paciente não é capaz de sonhar e, portanto, não consegue dormir. [Visto que] a função-alfa torna as impressões sensoriais da experiência emocional disponíveis para [pensamento] consciente e pensamento-onírico, o paciente que não é capaz de sonhar não é capaz de dormir e, assim, não pode despertar. Daí a condição peculiar, observada na clínica, em que o paciente psicótico se comporta como se estivesse precisamente neste estado.
>
> (1962a, p. 6-7)

Existem algumas ideias aqui que são essenciais à concepção da psicanálise que estou apresentando. Sonhar é um processo constante que ocorre tanto no sono quanto na vida de vigília inconsciente. Se uma pessoa é incapaz de transformar impressões sensórias brutas em elementos inconscientes da experiência que possam ser ligados, ela é incapaz de gerar pensamentos-sonho inconscientes e, consequentemente, não pode sonhar (seja durante o sono ou na vida de vigília inconsciente). A experiência de impressões sensórias brutas (elementos-beta) no sono não é diferente da experiência de elementos-beta na vida de vigília. Portanto, o indivíduo "não pode dormir e não pode despertar" (Bion, 1962a, p.7), ou seja, ele não é capaz de diferenciar estar desperto e estar dormindo, percebendo e alucinando, a realidade externa e a realidade interna.

Inversamente, nem todos os eventos psíquicos que ocorrem durante o sono (mesmo elementos imagéticos visuais) merecem a denominação *sonho*. Os eventos psicológicos que ocorrem durante o sono que se assemelham ao sonhar, mas não são sonhos, incluem "sonhos" para os quais nem o paciente nem o analista é capaz de gerar associações, alucinações durante o sono, sonhos que consistem de um único estado de sentimento sem imagem, os sonhos imutáveis de pacientes pós-traumáticos e (como será discutido) os terrores noturnos. Esses "sonhos" que não são sonhos não envolvem elaboração psicológica inconsciente, nada do trabalho do sonhar.

IV

O segundo dos dois conjuntos de comentários que são necessários antes de considerar minha concepção de fazer psicanálise refere-se aos fenômenos de pesadelos e terrores noturnos. Acredito que essas duas perturbações do sono servem ambas como exemplos de, e metáforas para, duas amplas categorias de funcionamento psicológico. Reunidos, os terrores noturnos e os pesadelos, como os compreendo, são emblemáticos da matéria da qual é feita toda a extensão da psicopatologia.

Os pesadelos são "sonhos ruins"; os terrores noturnos são "sonhos" que não são sonhos. Os terrores noturnos diferem dos pesadelos não apenas em termos de fenomenologia e função psicológica, mas também em termos de sua neurofisiologia e do padrão de onda cerebral a eles associadas.[2]

A criança[3] que está tendo um terror noturno "desperta" com muito medo, mas não reconhece o pai ou a mãe que se acordou com seus gritos e veio acudi-la. A criança por fim se acalma e, sem medo discernível, "volta ao sono". Ao "despertar" na manhã seguinte, a criança tem pouca ou nenhuma recordação do terror noturno ou de ter sido acudida pela mãe ou pelo pai. Nas raras ocasiões em que a criança é capaz de lembrar-se de alguma coisa do terror noturno, trata-se de uma única imagem, como a de ser perseguida ou de "ter alguma coisa me oprimindo" (Hartmann, 1984, p. 18). A criança não sinaliza ter medo de ir dormir na noite seguinte. Aparentemente, não existe memória consciente ou inconsciente da experiência. Tanto do ponto de vista psicanalítico quanto do ponto de vista do padrão de ondas da atividade cerebral, a pessoa que está tendo um terror noturno não desperta da experiência nem volta a adormecer depois de ter sido acalmada (Daws, 1989). Alguém que tem terrores noturnos é incapaz de vê-los da perspectiva da vida vígil. Na terminologia de Bion, os terrores noturnos são constituídos de impressões sensórias brutas relacionadas à experiência emocional (elementos-beta), que não podem ser ligados ao processo de sonhar, pensar ou armazenar na memória. A criança que está tendo terrores noturnos só pode genuinamente despertar quando é capaz de sonhar seu sonho não sonhado.

Em contraste, um pesadelo é um sonho real (que ocorre durante o sono REM) que "*acorda a pessoa* com um sentimento de medo" (Hartmann, 1984, p. 10, grifo meu). Ao despertar, o sonhador é capaz, imediatamente, ou dentro de um período relativamente curto de tempo, de distinguir estar acordado de estar dormindo, o perceber e o sonhar, a realidade interna e a realidade externa. Consequentemente, o indivíduo muitas vezes é capaz de lembrar-se do conteúdo do pesadelo ao despertar e ser capaz de pensar e falar sobre ele. A criança que foi acordada por um pesadelo é capaz de reconhecer a pessoa que a está acudindo e, por poder lembrar-se de que estava tendo um pesadelo, tem medo de voltar a dormir naquela noite, e comumente por semanas ou meses depois.

Em suma, um pesadelo é muito diferente de um terror noturno. O primeiro é um sonho no qual o sofrimento emocional do indivíduo é submetido (em grau considerável) a uma elaboração psicológica inconsciente que resulta em crescimento psicológico. Entretanto, este sonhar é interrompido em um ponto onde a capacidade do indivíduo de gerar pensamentos-sonho e sonhá-los é sobrepujada pelos efeitos perturbadores da experiência emocional sendo sonhada. Um terror noturno não é um sonho; nenhum pensamento-onírico é gerado; nenhuma elaboração psicológica é feita; nada muda em consequência do evento psíquico.

V

Com a concepção de Bion do sonhar como contexto teórico e com os fenômenos dos pesadelos e dos terrores noturnos como metáforas para duas amplas categorias de funcionamento psicológico, agora é possível começar a examinar sistematicamente os elementos da proposição concisa que fiz anteriormente sobre minha concepção da psicanálise.

Para começar do começo: *Uma pessoa consulta um psicanalista porque está sofrendo emocionalmente; sem saber, ela é incapaz de sonhar (isto é, incapaz de elaboração psicológica inconsciente) ou fica tão perturbada com o que está sonhando que seu sonho é interrompido. À medida que é incapaz de sonhar sua experiência emocional, o indivíduo é incapaz de mudar, ou de crescer, ou de tornar-se diferente de quem ele tem sido.*

Podemos considerar que alguns pacientes que consultam um analista estão sofrendo de terrores noturnos (metafóricos). Sem estarem conscientes disso, eles estão buscando ajuda para sonharem sua experiência não sonhada e insonhável. Os sonhos não sonhados desses pacientes persistem imutáveis como focos dissociados (ou setores amplos) de psicose (Bion, 1962a) ou como aspectos da personalidade nos quais a experiência é de antemão impedida de elaboração psicológica. Os transtornos caracterizados por este impedimento incluem os transtornos psicossomáticos e as perversões graves (de M'Uzan, 1984), encapsulação autista em sensações corporais (Tustin, 1981), estados de "des-afeto" (McDougall, 1984) nos quais os pacientes são incapazes de "ler" suas emoções e sensações corporais, e o estado esquizofrênico de "não experiência" (Ogden, 1982), no qual o paciente esquizofrênico crônico ataca sua própria capacidade de atribuir significado à experiência, tornando, assim, suas experiências emocionais intercambiáveis umas com as outras. Nos transtornos que envolvem impedimento psíquico, o pensamento do paciente é, em grande medida, de um tipo operacional (de M'Uzan, 1984).

Outros pacientes que consultam um analista podem ser considerados como indivíduos que estão sofrendo de pesadelos (metafóricos), ou seja, de sonhos que são tão assustadores que interrompem a elaboração psicológica envolvida no sonhar tanto durante o sono quanto no sonhar desperto inconsciente. (A expressão de Frost [1928] "grito interrompido", de seu poema "Travar conhecimento com a noite", parece particularmente adequada para descrever um pesadelo.[4]) O paciente que desperta de um pesadelo atingiu os limites de sua capacidade de sonhar por sua conta. Ele precisa da mente de outra pessoa – "que tenha travado conhecimento com a noite" – para ajudá-lo a sonhar o aspecto de seu pesadelo que ainda está por ser sonhado. (Um "sonho ainda por ser sonhado" é um fenômeno neurótico ou outro tipo de fenômeno não psicótico; um sonho insonhável é um fenômeno psicótico ou um sonho associado a um impedimento psíquico.) Os sintomas neuróticos manifestados pelos pacientes com sonhar interrompido representam substitutos estáticos da experiência emocional que o paciente é incapaz de sonhar.

O analista que uma dessas amplas categorias de pessoas procura em busca de ajuda para sonhar seus metafóricos terrores noturnos e pesadelos deve possuir a capacidade de devaneio, isto é, a capacidade de sustentar por longos períodos de tempo um estado psicológico de receptividade aos sonhos não sonhados e interrompidos do paciente, à medida que eles são vivenciados na transferência-contratransferência. Os devaneios do analista são centrais ao processo analítico, no sentido de que eles constituem uma via de acesso essencial pela qual o analista participa no sonhar dos sonhos que o paciente é incapaz de sonhar por conta própria.[5]

VI

Paciente e analista engajam-se em uma experiência nos termos da situação psicanalítica desenhada com o objetivo de gerar condições para que o analisando (com a participação do analista) possa tornar-se mais capaz de sonhar seus sonhos não sonhados e sonhos interrompidos. Os sonhos sonhados pelo paciente e pelo analista são, ao mesmo tempo, seus próprios sonhos (e devaneios) e os sonhos de um terceiro sujeito, que é tanto o analista e o paciente quanto nenhum deles.

A experiência sobre a qual a psicanálise se assenta é um paradoxo. A psicanálise é um conjunto de ideias e princípios técnicos em transformação – mais um feixe de varetas do que um todo sem emendas – que foi se desenvolvendo durante o curso do século passado; e contudo, ao mesmo tempo, é responsabilidade do analista reinventar a psicanálise para cada paciente e continuar a reinventá-la durante o curso da análise. Qualquer mãe ou pai que tenha tido mais do que um filho aprende (com um misto de choque e deleite) que cada novo bebê parece ser apenas um parente distante de seu(s) irmão(s) mais velho(s). A mãe e o pai precisam reinventar o que é ser mãe e pai com cada filho e precisam continuar fazendo isso em cada fase da vida da criança e da família. De modo análogo, o analista deve aprender mais uma vez a ser analista com cada novo paciente e a cada nova sessão.

Embora eu veja a psicanálise como uma experiência, não estou sugerindo que paciente e analista sejam livres para fazer qualquer coisa que queiram; em vez disso, eles são livres para fazer um trabalho psicanalítico de um modo que reflita quem eles são individualmente e juntos *enquanto analista e analisando.* Isto é, eles não estão inventando um relacionamento amoroso ou uma amizade ou uma experiência religiosa; eles estão inventando um relacionamento analítico que possui seus próprios objetivos psicoterapêuticos, definições de papéis, responsabilidades, sistema de valores e assim por diante.

Embora não possamos prever a natureza da experiência emocional que será gerada no trabalho com uma pessoa que nos consulta, nossa meta como analistas é quase a mesma com todo paciente: *a criação de condições nas quais o analisando (com a participação do analista) possa ser mais capaz de sonhar seus sonhos não sonhados e interrompidos.* Embora possa parecer que o analista inicialmente é usado pelo paciente para sonhar os sonhos não sonhados do paciente "por procuração", os sonhos do analista (seus devaneios na situação analítica) não são desde o princípio nem exclusivamente seus nem do paciente, e sim *os sonhos de um terceiro sujeito inconsciente que é ambos e nenhum deles, paciente e analista* (Ogden, 2003b).

A situação analítica, como a concebo, é composta de três sujeitos em conversação inconsciente entre si: o paciente e o analista como sujeitos separados e o "terceiro analítico" intersubjetivo (ver Ogden 1994a, 1999b para discussões teóricas e clínicas do conceito de terceiro analítico). O "terceiro analítico" intersubjetivo inconsciente está para sempre no processo de vir a ser dentro do campo de forças emocionais criado pela interação do inconsciente do paciente e do analista. O terceiro "sujeito da análise" é um sujeito construído conjunta mas assimetricamente pelo par analítico. Quando o processo analítico é uma "preocupação constante" (Winnicott, 1964, p. 27), nem o analista nem o analisando podem alegar serem os únicos autores de seus "próprios" sonhos/devaneios.

É tarefa do analista como sujeito separado (no decorrer do tempo) tornar-se cônscio das experiências no e do terceiro analítico e simbolizá-las verbalmente para si mesmo. O analista pode com o tempo falar com o paciente a *partir* daquela experiência *sobre* seus pensamentos acerca do que está acontecendo em um nível inconsciente entre ele e o paciente. Fazendo isso, o analista está tentando envolver o paciente em uma forma de pensamento consciente que pode funcionar em consonância com o trabalho inconsciente do sonhar do paciente e facilitá-lo. Quando, por períodos de tempo, a experiência emocional no campo intersubjetivo é de natureza subjugante, o par analítico pode ser incapaz de pensar sobre o que está ocorrendo inconscientemente entre eles ou de realizar elaboração psicológica com aquela experiência (ver Ogden, 1994c, sobre o "terceiro subjugante").

VII

O experimento psicanalítico é realizado *dentro dos termos da situação psicanalítica.* Central entre os termos da situação analítica é a concepção do analista da metodologia analítica, isto é, a concepção individual do analista da teoria analítica e dos princípios técnicos que ele desenvolveu ao longo de sua experiência como analisando, como estudante de psicanálise (que é um aspecto constante da vida de um analista) e como analista praticante. (Está fora do âmbito deste capítulo fazer mais do que citar alguns dos elementos que constituem a metodologia do analista.)

A metodologia analítica se baseia no pressuposto de que existe um "diferencial" (Loewald, 1960, p. 251) entre a maturidade emocional do analista e a do analisando, ou seja, que o analista atingiu um nível de maturidade psicológica maior do que o do analisando – ao menos nas áreas da experiência mais problemáticas para o paciente. Além disso, é essencial que o analista seja capaz de crescer emocionalmente como consequência de sua experiência com o paciente (em conjunção com seu trabalho autoanalítico), de modo que no decorrer da análise ele se torne mais capaz de ser o analista que o paciente precisa que ele seja (Searles, 1975).

Uma concepção de *como e por que* o analista cria e mantém as características do "*setting* analítico" (Winnicott, 1954b, p. 278) é essencial para a metodologia analítica. A situação analítica geralmente (mas nem sempre) envolve o uso do divã, um programa regular de sessões de duração fixa, ênfase à expressão emocional na forma de palavras (em contraste com a ação) e um movimento entre estados de espírito livremente associativos e basicamente desestruturados (tanto por parte do paciente como do analista) e formas de pensamento de processo secundário sequenciais e mais enfocadas.

Um dos principais temas do diálogo que ocorre na situação analítica refere-se às ansiedades e às defesas do paciente que surgem em resposta ao relacionamento entre analista e analisando em um nível inconsciente (a transferência-contratransferência). A transferência-contratransferência é vista (em parte) a partir de uma perspectiva histórica (isto é, do vantajoso ponto de vista da história tanto da vida do paciente quanto da vida da análise). A situação analítica, embora em muitos aspectos desestruturada, também tem uma qualidade de direcionalidade que é oriunda do fato de que a psicanálise é antes de mais nada um empreendimento terapêutico com o objetivo de aumentar a capacidade do paciente de estar vivo para vivenciar ao máximo a plenitude da experiência humana. Voltar à vida emocionalmente é, a meu ver, sinônimo de tornar-se cada vez mais capaz de sonhar a própria experiência, que é sonhar-se existindo.

VIII

Durante sua participação no sonhar os sonhos não sonhados e interrompidos do paciente, o analista vem a conhecer o paciente de um modo e em uma profundidade que podem lhe permitir dizer algo ao paciente que seja verdadeiro para a experiência emocional consciente e inconsciente que está ocorrendo no relacionamento analítico naquele momento. A psicanálise envolve fundamen-

talmente o analista vir a conhecer o paciente – uma ideia enganosamente simples – e o paciente vir a sentir-se conhecido pelo analista, assim como o paciente sentir que está conhecendo o analista e a si mesmo. Ao participar do sonhar os sonhos não sonhados e interrompidos do paciente, o analista não está simplesmente vindo a conhecer o paciente; ele e o paciente estão juntos vivendo a experiência emocional até então insonhável ou ainda-a-ser-sonhada na transferência-contratransferência. Nesta experiência, o paciente está no processo de vir a ser mais plenamente e o analista está conhecendo a pessoa que o paciente está se tornando.

O êxito em conhecer o paciente dessa forma está repleto de dificuldades. Enquanto o analista procura encontrar cada paciente a cada nova sessão como se fosse a primeira vez (Bion, 1978), para que o analista consiga abandonar o que ele já "conhece" exige que ele tenha, de fato, aprendido com sua experiência. Somente assim ele pode tentar libertar-se do que achava que sabia a fim de ser receptivo a tudo que ele não sabe (Bion, 1970, 1992; Ogden, 2004a).

A experiência de o analista vir a conhecer o paciente é única a cada encontro analítico, e contudo é inevitavelmente moldada pelos modos particulares que o analista tem de perceber e organizar sua experiência do que está acontecendo, isto é, é a experiência vista por meio de uma lente multifacetada e sempre em transformação instruída pelas ideias e experiência psicanalíticas do analista. Como Wallace Stevens coloca, "as coisas vistas são as coisas como são vistas" (citado por Vendler, 1997, p. ix).[6] A experiência do analista de vir a saber quem o paciente está se tornando é inseparável da experiência do paciente de vir a saber quem o analista é e está se tornando. Em minha experiência, se o paciente não sentir (com graus variáveis de atenção consciente) que está conhecendo o analista, algo fundamental está faltando na análise: o relacionamento analítico tornou-se impessoal.

Existe uma imensa diferença entre o papel do paciente e o do analista no relacionamento analítico, mas eu não concordo com a ideia – frequentemente expressa por analisandos e vez por outra defensivamente fantasiada por todo analista – de que o paciente não pode "realmente" conhecer o analista porque não sabe tudo o que está acontecendo e que aconteceu na vida do analista fora da situação analítica. O que é falho nesta ideia, a meu ver, é que ela não leva suficientemente em consideração o fato de que, à medida que as experiências de vida do analista tanto dentro quanto fora do ambiente analítico são significativas, elas genuinamente mudam o analista. Essa alteração em seu ser é uma presença não falada mas sentida na análise.

À medida que o analista não é mudado por um dado conjunto de experiências passadas e correntes que ocorreram dentro ou fora da análise, estas experiências ou são insignificantes ou o analista é incapaz de ser afetado por sua experiência (incapaz de sonhá-la ou de aprender com ela). Se o segundo for o caso, é duvidoso que o analista seja capaz de envolver-se em trabalho analítico com o paciente. Nessas circunstâncias, a declaração do paciente ao analista de que ele não pode "realmente" conhecer o analista pode ser o modo inconsciente de dizer ao analista que ele (o paciente) sente que o analista é incapaz ou de participar no processo de *vir a conhecer* o paciente e a si mesmo ou de *vir a ser conhecido* pelo paciente. Em outras palavras, o paciente está sentindo que ele e o analista pararam de fazer psicanálise.

IX

Em seu esforço para *dizer algo ao paciente que seja verdadeiro para a experiência emocional consciente e inconsciente que está ocorrendo no relacionamento analítico em um dado momento*, o analista inevitavelmente, inescapavelmente, entrou em uma luta com a linguagem propriamente dita. A consciência de nossos estados de sentimento é mediada por palavras. O professor inglês Theodore Baird certa vez perguntou: "O que você precisa para consertar uma motocicleta?" E respondeu: "Você precisa da linguagem. Você precisa de palavras... Como você sabe que é o motor?... Por que não é o radiador?" (citado por Varnum, 1996, p. 115). De modo semelhante, precisamos da linguagem e das palavras para "saber" (mais precisamente, para entender) o que estamos sentindo (por exemplo, ser capaz de distinguir sentir-se só, sentir-se solitário e sentir-se amedrontado).

Em nosso esforço para usar a linguagem para comunicar a verdade de uma experiência emocional, constatamos que não podemos dizer um sentimento,[7] mas podemos dizer *como* é, qual é a sensação de uma experiência emocional. E para isso precisamos de linguagem metafórica. No próprio ato de fazer a transformação de ter uma experiência emocional para dizer como era a sensação, estamos criando não apenas uma nova experiência, mas também uma forma de autoconsciência mediada por símbolos verbais (uma forma de consciência exclusivamente humana). O enriquecimento dessa forma de consciência de si mesmo (consciência) mediada por simbolização verbal é, a meu ver, um dos aspectos mais importantes de uma experiência analítica bem-sucedida.

Contudo, ainda que metaforicamente colocar sentimentos em palavras seja um componente necessário da psicanálise, ele não é um componente necessário de todos os passos ou fases daquele processo. Na verdade, existem momentos em que a insistência do analista em usar palavras para comunicar a experiência é antagônica ao trabalho analítico. Algumas coisas não ditas são "muito mais importantes do que coisas que são meramente ditas" (Borges, 1970a, p. 211). Borges estava se referindo ao desejo não declarado de seu pai de que ele se tornasse o escritor que ele, o pai, tinha almejado ser. Em minha experiência como analista e supervisor, existem longos períodos de tempo durante os quais os sentimentos de amor saudáveis do paciente pelo analista são uma presença sentida que é muito mais importante do que as coisas "meramente ditas" (Esta situação não deve ser confundida com repressão, cisão ou qualquer outra forma de evitar sentir amor.)

X

O que o analista diz ao paciente sobre o que ele sente ser verdadeiro para a situação emocional que está ocorrendo *deve ser utilizável pelo paciente para propósitos de elaboração psicológica consciente e inconsciente, ou seja, para sonhar sua própria experiência, deste modo sonhando-se existir mais plenamente*. A verdade que porventura houver no que o analista diz sobre uma experiência emocional não tem consequência a menos que o paciente seja capaz de utilizar isso na elaboração psicológica consciente e inconsciente. Para que isso aconteça, o paciente deve se sentir conhecido pelo analista de um modo que nunca tenha se sentido conhecido anteriormente. O relacionamento analítico é singular. (A invenção de uma nova forma de relacionamento humano pode ser a contribuição mais significativa de Freud para a humanidade. Estar vivo no contexto do relacionamento analítico é diferente de estar vivo em qualquer outra forma de relacionamento humano.) Sentir-se conhecido na situação analítica não é tanto um sentimento de ser compreendido quanto o sentimento de que o analista sabe *quem eu sou*. Isso é comunicado em parte através da fala do analista com o paciente de um modo que o que ele diz e o modo como o diz não poderia ter sido dito por nenhum outro analista para nenhum outro paciente.

Esperaria que se um de meus pacientes fosse uma mancha na parede de meu consultório e me ouvisse trabalhando com outro paciente, o paciente-na-parede iria me reconhecer como a mesma pessoa, o mesmo analista com quem ele está trabalhando em análise, mas constataria que o modo como o paciente-no-divã e eu estamos conversando é um modo que não serviria para o paciente-na-parede. Essa forma de estar junto e conversando que está sendo ouvida secretamente pareceria de alguma forma "errada" – talvez um pouco cerebral ou crua demais, séria ou brincalhona demais, parental ou conjugal demais. O paciente-na-parede idealmente não invejaria o paciente-no-divã; ao invés disso, ele sentiria que "aquilo não é para mim" e, evidentemente, ele estaria certo – aquilo não era dirigido a ele.

As interpretações feitas por um analista que é afiliado a uma determinada "escola" psicanalítica são frequentemente dirigidas ao próprio analista (a seus objetos internos e externos), e não ao paciente. Quando um paciente sente que o analista está falando de uma forma que não é dirigida somente a ele, ele se sente isolado e privado da oportunidade de falar com o analista sobre o que é verdadeiro no que está acontecendo na análise. Lembro-me a esse respeito de um paciente esquizofrênico que disse a sua mãe: "Você tem sido apenas uma mãe para mim". O analista que é incapaz de falar com seu paciente de um modo que tenha evoluído de sua experiência com *aquele* paciente (e seja único àquele paciente) está sendo apenas um analista para o paciente.

XI

Agora que dividi em partes minha proposição inicial de minha concepção de psicanálise, vou juntá-la novamente para que o leitor possa lê-la como se fosse a primeira vez: *uma pessoa consulta um psicanalista porque está sofrendo emocionalmente sem saber, ela é incapaz de sonhar (isto é, incapaz de elaboração psicológica inconsciente) ou fica tão perturbada com o que está sonhando que seu sonho é interrompido. À medida que é incapaz de sonhar sua experiência emocional, o indivíduo é incapaz de mudar, ou de crescer, ou de tornar-se diferente de quem ele tem sido. Paciente e analista engajam-se em uma experiência nos termos da situação psicanalítica desenhada com o objetivo de gerar condições para que o analisando (com a participação do analista) possa tornar-se mais capaz de sonhar seus sonhos não sonhados e sonhos interrompidos. Os sonhos sonhados pelo paciente e pelo analista são, ao mesmo tempo, seus próprios sonhos (e devaneios) e os sonhos de um terceiro sujeito, que é tanto o analista e o paciente quanto nenhum deles.*

Durante sua participação no sonhar os sonhos não sonhados e interrompidos do paciente, o analista vem a conhecer o paciente de um modo e em uma profundidade que podem lhe permitir dizer algo ao paciente que seja verdadeiro para a experiência emocional consciente e inconsciente que está ocorrendo no relacionamento analítico em um dado momento. O que o analista diz deve ser utilizável pelo paciente para propósitos de elaboração psicológica consciente e inconsciente, ou seja, para sonhar sua própria experiência, deste modo sonhando-se existir mais plenamente.

XII Algumas experiências dos primeiros estágios de uma análise

Alguns dias depois que eu e o Sr. A havíamos marcado uma hora para uma consulta inicial, a secretária dele me telefonou para cancelar o encontro por motivos vagos relacionados a assuntos de trabalho do Sr. A. Ele me telefonou algumas semanas depois para se desculpar pelo cancelamento e pedir para marcar outra hora. Em nossa primeira sessão, o Sr. A, um homem em torno dos 40 anos, disse-me que há algum tempo pensava em fazer análise (sua esposa estava em análise na época), mas que ficara adiando isso. Rapidamente acrescentou (como se respondesse à pergunta "terapêutica" esperável):

"Não sei por que eu estava com medo da análise". Ele prosseguiu: "Embora minha vida pareça muito boa de fora – sou bem-sucedido profissionalmente, tenho um casamento muito bom e três filhos que amo muito – sinto quase o tempo todo que algo está terrivelmente errado". (A utilização do Sr. A das expressões "medo da análise", "amo muito" e "terrivelmente errado" me pareceram ansiosos esforços inconscientes para fingir sinceridade, mas, na verdade, para me dizer quase nada). Eu disse ao Sr. A que ter pedido à sua secretária para falar comigo havia me feito pensar que ele podia achar que sua própria voz e suas próprias palavras pudessem lhe faltar. O Sr. A olhou-me como se eu estivesse maluco e disse: "Não, meu telefone celular não estava funcionando, e para não ter que pagar as tarifas exorbitantes que os hotéis cobram por ligações telefônicas, mandei um *e-mail* à minha secretária pedindo a ela que lhe telefonasse".

Durante aquele encontro inicial, o paciente disse-me que sofria de uma insônia grave desde os tempos de faculdade. Enquanto tenta dormir, ele rumina sobre todas as coisas que precisa resolver no trabalho e faz mentalmente listas das coisas que precisam de conserto em casa. Ele acrescentou que, ao longo dos anos, os médicos haviam prescrito soníferos, mas que "eles não funcionam e eu não quero ficar viciado neles". (Implícito em seu tom de voz havia um sentimento de que "os médicos sem dúvida causam malefício e o deixam viciado se você permitir".)

No curso de seu primeiro ano e meio de análise, o Sr. A contou-me sobre sua infância de uma maneira meio nostálgica. Ele havia crescido em um bairro residencial da classe trabalhadora onde tinha um grupo de amigos e saíra-se bem na escola. O paciente havia cursado a faculdade com bolsas de estudo, empréstimos e muitas horas de trabalho. Ele falou sucinta e superficialmente de suas duas irmãs, uma das quais é cinco anos mais velha, e a outra, dois anos mais jovem do que ele.

O Sr. A também falou sobre seu trabalho como diretor de uma organização sem fins lucrativos que ajuda imigrantes ilegais em suas relações com o Serviço de Imigração e Naturalização. Ele disse que quando chegava ao trabalho todas as manhãs e olhava os funcionários e os clientes "acampados" no saguão, precisava lembrar a si mesmo o que estava fazendo ali. (Eu não sabia o que o Sr. A estava fazendo em meu consultório comigo. Lembrei-me de uma história que circulou durante minha residência. Integrantes da banca examinadora psiquiátrica – seja lá o que fosse isso – vinham às clínicas psiquiátricas posando de pacientes a fim de avaliar os residentes e o programa de residência.)

O Sr. A muitas vezes começava suas sessões diárias contando-me um sonho. Ele disse que quando não conseguia se lembrar de um sonho para me contar, sentia-se como se não tivesse feito o dever de casa. Entretanto, quando ele conseguia lembrar-se de um sonho, havia quase sempre um sentimento de desapontamento tanto de minha parte quanto da dele depois de contá-lo.

Era como se os sonhos dele não tivessem conteúdo latente. Havia sonhos representando cenas que eram quase idênticas a situações emocionais que eram ocorrências normais na vida do paciente. Encontrar significados transferenciais (ou de qualquer tipo) nos sonhos era como um artifício no qual o paciente ou eu projetávamos sobre o sonho um "significado inconsciente" onde não existia nenhum.

Próximo do fim do segundo ano de análise, tornei-me consciente de algo que podia já estar acontecendo há algum tempo, mas que somente então tornou-se disponível a mim para uma elaboração psicológica consciente. O ritmo da fala do Sr. A era marcado por pausas breves, quase imperceptíveis, depois de praticamente todas as frases, como se estivesse se preparando para não ser surpreendido. Disse ao Sr. A que eu achava que ele estava tendo dificuldade para saber o que fazer comigo. "Pode ser que eu não seja absolutamente o que pareço ser." (Minha intervenção era em parte determinada por minhas observações das pausas ansiosas do paciente e pelo devaneio[8] anterior sobre o paciente que não era paciente.)

Algumas semanas depois que fiz essa interpretação, ficou claro um dia quando encontrei o Sr. A na sala de espera, que ele estava em profundo sofrimento. Ele começou dizendo que até bem pouco tempo não sabia realmente por que havia procurado a análise. Ele havia pensado que tinha sido para agradar sua esposa, que o estivera pressionando para que fizesse análise. Falando com hesitação, com a voz embargada e com lágrimas, ele disse: "Quando eu tinha sete anos e minha irmã tinha cinco, brincávamos de médico. Eu tentava ver suas partes íntimas. Queria descobrir o que havia ali. Eu usava uma vareta como um médico usa um abaixador de língua. Acho que aconteceu apenas umas duas ou três vezes, mas não posso ter certeza, mas sei que foi mais de uma vez". Neste ponto, o Sr. A estava soluçando e não conseguia falar. Depois de alguns minutos, ele prosseguiu: "Raramente penso sobre isso e nunca pensei que fosse grande coisa – muitas crianças brincam de doutor. Não sei por que só agora me sinto tão mal a esse respeito. Fiquei acordado a noite inteira na noite passada. Eu não sabia o que estava sentindo. Senti pesar por S (ele nunca havia usado o nome da irmã anteriormente). Eu nem sei se ela sequer se lembra disso ou se isso a afetou. Eu só falo com ela em aniversários, no dia de Ação de Graças e no Natal. (Enquanto o Sr. A falava, fiquei comovido com a profundidade de seu sofrimento, que pareceu explosivo e totalmente inesperado por ambos. Não me pareceu que ele estivesse confessando no intuito de obter o meu perdão. Pareceu-me, isto sim, que ele estava, ao menos em parte, respondendo à minha interpretação de seu sentimento de que não tinha ideia de quem eu era ou do que eu pretendia. Ele aparentemente tinha ouvido e sido capaz de fazer uso do aspecto implícito da interpretação, isto é, de que ele sentia que não fazia ideia de quem ele era e o que pretendia.)

Nos meses seguintes, o Sr. A começou a desenvolver uma ponta de autoconsciência, que primeiramente apareceu na forma de uma capacidade para a ironia. Por exemplo, ele abriu uma sessão dizendo que o ponto alto de sua manhã tinha sido a calorosa acolhida que o mecânico de seu carro lhe dera quando ele deixara o carro pela terceira vez no mês por causa do mesmo problema. Ele estava se identificando comigo por meio de seu uso da ironia; isso tinha um quê de menino que adota as qualidades do pai por quem sente admiração. (Evidentemente, não comentei sobre as implicações transferenciais de seu gracejo a respeito do mecânico.)

O Sr. A, como se pisasse cuidadosamente em terreno perigoso, contou sobre seus anos de infância em sua família. Ele não era mais um simples cronista de eventos romantizados, mas uma pessoa auto-observadora que aprendia com suas próprias versões de sua experiência no próprio processo de contá-la para mim e para si mesmo.

Fiquei sabendo que os pais do Sr. A tinham uma loja onde vendiam e consertavam pequenos aparelhos domésticos – a mãe atendia os clientes enquanto o pai fazia os reparos em uma bancada nos fundos da loja. Eles estavam sempre à beira de fechar a loja. Desde os 5 anos o paciente ajudava na loja, e aos 7 anos já fazia coletas e entregas. "Não era uma aventura, era um negócio mortalmente sério". Por medo de perder a freguesia, os pais cobravam muito abaixo de um preço justo por seu trabalho.

O paciente falou mais sobre o exame dos genitais de sua irmã. Ele disse: "Ela confiava em mim e topava qualquer brincadeira que eu inventasse. Isso é o que torna particularmente feio o modo como me aproveitei da confiança dela. Eu não tenho desculpas que justifiquem alguma coisa para mim". Eu disse ao Sr. A: "Parece que você está tentando encarar a música".* (Somente depois de ter usado a expressão "encarar a música" é que me dei conta de seu duplo significado: ao encarar a música, ousamos aceitar a realidade que existe [como um ator temeroso deve fazer ao enfrentar o público em frente ao palco]; ao mesmo tempo, existe uma beleza [música] na experiência de ser honesto consigo mesmo, ainda que seja impossível desfazer o que se fez.)

Na sessão seguinte, o Sr. A disse-me que na noite anterior ele tinha tido um sonho que era de um tipo que ele tinha sonhado muitas vezes antes (ele nunca havia me contado sobre esses sonhos). "A cena acontece no saguão de uma sala de cinema com grandes cartazes dentro de redomas de vidro. Existe

---

*N. de T. *Face the music*: esta expressão seria normalmente traduzida como "enfrentar os fatos, ou "arcar com as consequências", mas tal tradução entraria em conflito com as observações subsequentes do autor, referindo-se e explorando diretamente a palavra *music*. Por isso, optamos por uma tradução literal.

uma banca de pipocas e balas com muitos fregueses esperando em fila. Mas então eu me dou conta horrorizado que o cinema está completamente vazio e está fechado há anos. Dessa vez – e já tinha acontecido algumas vezes antes – eu me recuso a acreditar que o que eu vira não era real. Acordo-me com o coração disparado, não com medo, mas com raiva." Eu disse ao Sr. A: "Em seu sonho, você se agarra a suas próprias percepções, não para provar que está certo, mas para provar que você é quem você é". (Minha interpretação pareceu banal e perigosamente semelhante a algo que se leria em um livro de autoajuda. Felizmente, o Sr. A foi capaz de fazer sua elaboração psicológica a despeito de mim.) O paciente respondeu em um tom de voz alto e com raiva que eu nunca tinha visto: "A sala de cinema *funcionava* como uma sala de cinema – isso não é pedir demais é?" (Senti que parte da indignação do Sr. A era dirigida a mim por minha intervenção impessoal.) E então, mais suavemente, ele acrescentou: "Eu tinha vergonha de meus pais e de mim mesmo. Eu queria – e ainda quero – que eles tivessem sido como os pais de meus amigos que, apesar de não terem mais dinheiro do que meus pais, não se comportavam como animais, que a vida inteira tiraram o couro deles. Sinto-me mal falando de meus pais dessa forma". Eu disse: "É um negócio complicado: mesmo no começo do sonho, quando você achava que tudo funcionava como deveria, era ao custo de estar sozinho com isso". (Eu pensei mas não disse que ele estava furioso com seus pais, não somente por serem o que ele considerava fracassos vergonhosos, mas também por sua incapacidade, mesmo que por um momento, de sonhar com ele algo emocionante, por mais improvável que fosse.)

Eu e o Sr. A ficamos em silêncio por alguns minutos durante os quais uma mudança sutil ocorreu, mas que reconheci somente retrospectivamente. Durante aquele silêncio, meus pensamentos vaguearam para um filme que eu tinha visto, no qual uma atriz que gosto muito é o personagem principal. Naquele filme, eu a achei particularmente atraente e *sexy*. Não era pelo personagem que ela interpretava que me senti atraído, mas por ela, a atriz, a mulher que eu imaginava que ela era. No filme, ela cantava duas músicas e eu ficava impressionado não só com a beleza do som de sua voz, mas também com a imensa amplitude de seu talento.

O paciente me contou posteriormente na sessão que desde que sua filha era bebê, tinha sido impossível para ele segurá-la nos braços de uma maneira que parecesse natural, muito menos mudar sua fralda sem sentir que estava "sendo um *voyeur* e um pervertido". Enquanto o Sr. A falava, minha mente passou das imagens e sentimentos associados ao paciente brincando de médico com sua irmã para um acontecimento de minha própria experiência de tornar-me médico. Nas primeiras semanas da faculdade – eu tinha 21 anos na época, defensivamente observei a mim mesmo – meu grupo de quatro estudantes de medicina estava trabalhando na dissecação de "nosso" cadáver. Lembrei-me de ter vivido com muito medo durante aquele período de minha vida.

Nós quatro levávamos muito sério a dissecação, cada um com seus terrores. Houve um momento em que os sentimentos pareciam romper a fachada de entusiasmo e confiança dos estudantes de medicina: começamos a falar com o cadáver, referindo-se a ele por um primeiro nome inventado como se ele estivesse vivo, mas fosse tímido demais para falar. Lembro-me de ter sentido na época que esta brincadeira era perigosa, como se estivéssemos violando uma lei sagrada. Ao mesmo tempo, a brincadeira, carregada de raiva e medo, era um alívio bem-vindo.

Enquanto me lembrava desses sentimentos e eventos, senti profundamente que tinha traído uma confiança. O cadáver fora um homem de meia-idade, que quando morreu provavelmente tinha idade próxima da que tenho agora, um homem que tinha sido generoso ao doar seu corpo para educação e pesquisa médicas. Ele não merecia ser tratado como uma marionete em um número de um espetáculo circense. Senti um misto de culpa em relação ao que havia feito e compaixão por mim mesmo como um jovem que estava fazendo o melhor que podia diante de eventos emocionais muito perturbadores para serem suportados sozinho e muito vergonhosos para serem admitidos a outra pessoa. Eu ainda podia sentir o forte odor de formol que havia na sala onde os 23 cadáveres tinham sido colocados sobre mesas de aço inoxidável. Era um odor que estava sempre comigo, pois tinha ficado impregnado em minhas roupas e na minha pele. Como estudante de medicina, incapaz de sonhar minha experiência, eu havia desenvolvido um pequeno distúrbio psicossomático. Foi uma experiência emocional insonhável que requeria considerável trabalho analítico de minha parte para que eu começasse a ser capaz de sonhar os pensamentos e sentimentos evitados.

À medida que minha atenção voltava deste devaneio para o Sr. A, um aspecto particular do que ele tinha dito recentemente sobre sua infância assumiu um significado maior para mim. Os únicos amigos de sua mãe tinham sido suas duas irmãs e ela não tinha feito nenhum esforço para esconder o fato de que elas eram muito mais importantes para ela do que o pai do paciente. Tampouco ela disfarçou o fato de que era a irmã mais velha do paciente quem a cativava de uma forma que o paciente e sua irmã mais jovem não conseguiam. Ainda que o Sr. A não o tenha dito explicitamente, pareceu-me neste ponto que sua mãe havia usado a filha mais velha como um veículo para viver a vida de uma menina, e depois de uma mulher jovem, que ela desejava ter sido. (Comecei a reconhecer que anteriormente na análise, eu também havia adotado como minha a visão do paciente de seus pais como pessoas derrotadas totalmente destituídas de sonhos. Agora parecia que era o pai do Sr. A que tinha sido derrotado, e que a representação que o paciente fez de sua mãe como uma pessoa sem sonhos tinha servido para protegê-lo do sentimento ainda mais perturbador de que sua mãe [objeto interno e externo] tinha estado viva – ainda que primordialmente de maneira narcisista – para sua irmã mais velha, mas não para ele.)

Posteriormente na sessão, o Sr. A falou sobre suas insuficiências como marido, incluindo seu sentimento de que ele é "ruim de cama": "É como dançar. Eu não tenho senso de ritmo e tento mover o meu corpo como as outras pessoas fazem, mas não é dançar. Eu não sinto a música". Eu disse para o paciente: "Acho que você sentia que nunca seria capaz de dançar com sua mãe da mesma forma que sua irmã fazia. Era algo que somente as meninas e as mulheres sabiam". (Em retrospectiva, acredito que essa interpretação era em parte derivada de meu devaneio sobre a atriz que sabia fazer tudo, incluindo cantar alegremente. Embora eu não estivesse consciente disso na época em que tive o devaneio, percebi neste ponto da sessão que eu não admirava apenas a atriz, eu tinha inveja dela por ser uma mulher. Tanto o paciente quanto eu estávamos inconscientemente dando uma forma metafórica a nossa experiência de sermos inadequados porque nunca seríamos uma menina ou uma mulher que pudesse cativar sua mãe. Tanto o devaneio sobre a música da atriz cantando quanto meu uso da frase "encarar a música" eram partes de um contexto inconsciente para o paciente usar a música como uma metáfora de seus próprios sentimentos de inadequação por não ter nascido menina e por carecer de tudo o mais que teria sido necessário para conquistar o amor de sua mãe.)

Em resposta a meu comentário sobre seu sentimento de ser invisível para a mãe, o paciente disse: "De certa forma, até hoje sinto que existe algo impenetrável em relação às mulheres e seus laços umas com as outras. Elas vivem em toda uma outra realidade incognoscível para um homem. Não tenho palavras para isso – elas vivem dentro de seus corpos, não na superfície de seus corpos como fazem os homens. Seus livros de bolso são como bolsas nas quais elas levam os seus segredos. Eu não acredito realmente que os homens, com seus pênis simples e descomplicados, têm alguma coisa a ver com o mistério de fazer um bebê. O corpo de uma mulher é estranho, de certa forma grotesco, com poderes incríveis".

Os comentários do Sr. A levaram-me a pensar mais sobre aspectos de minha experiência de devaneio. Comecei a tomar consciência de uma faceta de significado do devaneio da escola de medicina que eu não havia reconhecido anteriormente. Eu vinha sentindo o vazio intransponível entre eu e o homem na mesa de anatomia. Ele era humano; eu podia ver e tocar seu rosto e suas mãos. Ele tinha mãos pequenas, delicadas. E contudo, ele, o cadáver, era uma coisa. Eu tinha me sentido profundamente perturbado por minha incapacidade de conciliar as duas coisas: ele estava ali, com toda a sua humanidade, sua generosidade, e, ao mesmo tempo, não havia ninguém ali, ele estava absolutamente, irrecuperavelmente morto, simplesmente uma coisa com a qual nenhum relacionamento humano poderia ser estabelecido. Talvez "a brincadeira", para mim, tivesse sido um esforço inútil de mitigar a qualidade absoluta dessa divisão.

Minha experiência de dissecar o cadáver da forma como vinha acontecendo tinha tido muitos significados contundentes para mim, incluindo confrontações assustadoramente imediatas com minha própria mortalidade, terrores associados à mutilação corporal e sentimentos de perda de minhas capacidades de sentir (de permanecer emocionalmente vivo) diante de uma experiência que me abalou profundamente. Entretanto, na sessão analítica com o Sr. A que estou discutindo, aspectos específicos daquele conjunto de experiências assumiram especial importância como aspectos sonhados, incompletamente sonhados e não sonhados de meu próprio sofrimento psicológico. A fim de fazer trabalho analítico com o Sr. A, era necessário para mim fazer uso da experiência inconsciente com ele como uma oportunidade de sonhar (na forma de uma experiência de devaneio) alguns dos meus próprios "terrores noturnos" e "pesadelos" que se sobrepunham aos dele. Era impossível dizer se a perturbadora distância entre eu e o cadáver era parte da experiência original na faculdade de medicina ou era uma experiência emocional gerada pela primeira vez no contexto de meu trabalho com o Sr. A.

Mais ou menos um mês depois da sessão que acabo de descrever, o Sr. A e sua família fizeram uma viagem de férias de três semanas para a Ásia. Ao retornar, o Sr. A contou-me que algo muito importante tinha ocorrido durante o período em que estivera fora. Ele disse que havia tido aulas de meditação e pensamento budista e "experimentado uma conexão com algo maior do que a mim mesmo de um modo que nunca tinha sentido antes". O Sr. A continuou falando um pouco mais sobre a transformação que tinha sofrido. Ele não parecia estar falando de um modo que fosse específico a mim (como havia feito nas sessões antes do intervalo de férias). Não me surpreendi absolutamente quando ele me disse que tinha decidido seguir a meditação budista e, então, aquela seria nossa última sessão. O ritmo do movimento da análise neste ponto parecia interromper o sonhar.

Praticamente desde que o Sr. A tinha me falado sobre sua resposta ao Budismo eu já estava consciente de que estava sendo lançado a um papel de forasteiro, sem a menor chance de competir com a enorme força emocional do novo amor (objeto narcisista) do Sr. A. Uma divisão intransponível entre nós havia se criado. Disse ao paciente: "Eu não vou tentar lhe convencer a não fazer o que você pretende fazer (isto é, eu não encenaria com ele a humilhação de implorar pelo amor de sua mãe diante do autoenvolvimento narcisista impenetrável que ele havia encontrado nela). O que vou fazer é o que eu e você sempre fazemos, que é colocar em palavras o que está acontecendo" (isto é, continuaria sendo eu mesmo, o analista dele, mesmo diante de sua ameaça de isolar-se de mim por narcisismo enquanto projetava em mim a solidão e a impotência que não era capaz de experimentar sozinho).

Prossegui. "Parece-me que tenho uma responsabilidade, tanto com você, a pessoa com quem estou falando, quanto com você, a pessoa que originalmente me procurou, a pessoa que, sem o saber, estava me pedindo ajuda para encarar a música. Sou responsável por ambos os aspectos de você a despeito do fato de que, no momento, um deles está mudo e eu preciso falar por aquele aspecto de você" (isto é, eu não repetiria com ele a cena de infância de sua mãe abraçando um de seus filhos e descartando os outros).

Na sessão seguinte, o Sr. A e eu falamos sobre o medo que ele tinha sentido de perder a si mesmo e a mim durante o intervalo de férias. Ele disse que, apesar do fato de que no passado ele tinha me pedido para ocupar seus horários quando estivesse fora, ele tinha esperado que eu saberia que dessa vez eu deveria mantê-los reservados para ele. "São os meus horários e não seria certo ocupá-los com outra pessoa."

Um pouco depois naquela sessão, o Sr. A me contou: "Quando saí daqui ontem, foi como se tivessem tirado um peso... não, não é isso... eu senti que voltaria a mim mesmo, e voltar a mim mesmo não é uma coisa inteiramente boa, como você sabe. É um lugar que tem sido insuportável para mim. Foi bom ouvir a sua voz enquanto você falava ontem – eu prestei mais atenção no som da sua voz do que no que você estava dizendo. Não era só o som da sua voz, era o som do seu pensamento. Quando percebi que sua voz não tinha mudado, soube que você não tinha dado o meu lugar para outro. Não importa se você realmente preencheu ou não preencheu os horários – eu sei que você sabe disso". (Havia um sentimento de profunda afeição e gratidão na voz do Sr. A enquanto falava, algo que eu nunca tinha ouvido anteriormente – e eu não tenho dúvida de que ele sabia que eu também sabia disso.)

Neste ponto da análise, pareceu-me que o molestamento da irmã pelo Sr. A representava a atuação de um conjunto de intensos sentimentos que ele havia experimentado na infância e que estavam atualmente sendo experimentados na transferência-contratransferência. Seu repetido ato de examinar os genitais da irmã parecia representar uma tentativa de descobrir o que havia "ali dentro" (dentro do corpo e da mente de sua mãe), o que era a um só tempo "grotesco" e "com poderes incríveis". O paciente pode ter imaginado que o que ele descobriu "ali dentro" seria a chave para o laço emocional misterioso que ligava sua mãe com tanta força a suas irmãs e a sua irmã mais velha. Os molestamentos também podem ter representado ataques raivosos e incursões forçadas nos genitais e entranhas da mãe em retaliação ao que ele sentia ser uma exclusão emocional quase completa dele. E finalmente – e talvez mais importante – o paciente pode ter estado tentando encontrar seu lugar "ali dentro", um lugar que fosse só para ele, um lugar que não pudesse nunca ser tirado dele e dado a outra pessoa.

Nas semanas e meses que se seguiram, à medida que diferentes facetas desta constelação de relações objetais internas se manifestaram na transferência-contratransferência, eu e o Sr. A pensamos, falamos e sonhamos estas experiências emocionais.

NOTAS

1. Qualquer esforço para descrever a psicanálise necessariamente se utiliza da experiência do leitor com psicanálise. Poder-se-ia escrever vários volumes sobre o tema de cães, mas se o leitor não tiver experienciado um cão vivo, ele não vai saber o que *é* um cão. Um cão *é* um cão; psicanálise *é* psicanálise; "o mundo, infelizmente, é real [resolutamente]; eu, infelizmente, sou Borges" (Borges, 1946, p. 234).
2. Diferente dos pesadelos, que ocorrem no sono REM (o estado de sono no qual ocorre a maioria dos sonhos), os terrores noturnos ocorrem no sono profundo, de ondas lentas (Hartmann, 1984). Embora neste capítulo eu faça menção a dados neurofisiológicos associados aos terrores noturnos e pesadelos (atividade das ondas cerebrais registradas em estudos do sono), tais dados têm valor unicamente metafórico. O fato de que a atividade das ondas cerebrais associadas aos terrores noturnos e aos pesadelos seja diferente não dá sustentação à ideia de que a concepção psicanalítica dos terrores noturnos e pesadelos difere de modo análogo. Os achados neurofisiológicos dos pesquisadores do sono não oferecem nada mais (e nada menos) do que paralelos intrigantes entre a atividade do cérebro e a experiência da mente, além de metáforas potencialmente valiosas para uso na reflexão psicanalítica sobre sonhar, não ser capaz de sonhar e sonhos interrompidos.
3. Tanto adultos quanto crianças sofrem de terrores noturnos e pesadelos, mas esses fenômenos são mais prevalentes em crianças; por motivos de clareza da exposição, falarei desses fenômenos em termos da experiência de uma criança.
4. Frost (1928) escreve: "I have stood still and stopped the sound of feet/ When far away an interrupted cry/ Came over houses from another street" (Fiquei imóvel sem o barulho dos meus passos/ Quando de longe um grito interrompido/ Veio, por sobre as casas, de outra rua) (p. 234). (Ver Ogden, 1999b, para uma discussão deste poema.)
5. Eu incluo na noção de devaneio todos os meandros da psique-soma do analista, incluindo os pensamentos e sentimentos mais cotidianos, discretos, ruminações e divagações, sensações corporais etc., que geralmente parecem não ter nenhuma relação com o que o paciente está dizendo ou fazendo naquele momento. Devaneios não são o produto da psique-soma apenas do analista, mas do inconsciente do paciente e do analista combinados (Ogden, 1994a, 1994c, 1996, 1997a, 1997b, 1997c, 2001a). Como veremos na seção clínica deste capítulo, os devaneios fornecem uma forma de acesso indireto à vida inconsciente da relação analítica.
6. Centrais entre as ideias que, para mim, constituem uma perspectiva psicanalítica são: uma concepção das relações entre os aspectos consciente, pré-consciente e inconsciente da mente; o conceito de transferência-contratransferência; uma concepção do mundo objetal interno; a ideia dos modos depressivo, esquizoparanoide e autista-contíguo de gerar experiência e suas formas associadas de subjetividade, ansiedade, defesa, relacionamento objetal e crescimento psicológico; os conceitos de clivagem, identificação projetiva e defesa maníaca; a noção da necessidade humana da verdade; uma concepção de vida e de morte psicológica; o conceito de um espaço psicológico entre realidade e fantasia, no qual o indivíduo pode desenvolver a capacidade de pensar simbolicamente, desta forma vindo imaginativamente para a vida; a ideia de um enquadramento analítico; uma compreensão do papel central, a partir do nascimento, da sexualidade no desenvolvimento saudável e na psicopa-

tologia; uma concepção do modo no qual o desenvolvimento das capacidades de simbolização e autoconsciência são inseparáveis do desenvolvimento das relações objetais internas e externas (inclusive espelhamento maternal e triangulação edipiana).
7. Os nomes que damos aos sentimentos – por exemplo, sentir-se só, sentir-se solitário, sentir-se amedrontado – são categorias genéricas amplas que não expressam mais sobre os sentimentos do que a palavra "chocolate" expressa a experiência de sentir o sabor de chocolate. Não é possível comunicar com palavras o sabor de chocolate a uma pessoa que nunca o sentiu. O paladar, como qualquer outra experiência sensória e emocional, não pode ser expresso em palavras.
8. Minha experiência de devaneio no trabalho com o Sr. A tinha sido extremamente esparsa e difícil de utilizar no primeiro ano ou algo assim de análise.

2

Do que eu não abriria mão

> I could give all to Time except – except
> What I myself have held. But why declare
> The things forbidden that while the Customs slept
> I have crossed to Safety with? For I am There,
> And what I would not part with I have kept.*
>
> (Frost, 1942b, p. 304-305)

Paradoxalmente, no *setting* analítico, o analista tenta não ser crítico; ainda assim, ele deve trazer à situação valores que deem sustentação ao trabalho analítico, valores dos quais "ele não abriria mão". Quando falo de valores analíticos, não me refiro à moralidade psicanalítica nem a um código ético de conduta; tampouco estou me referindo a um conjunto de conceitos que acredito serem essenciais à psicanálise (por exemplo, a noção de inconsciente dinâmico, transferência e defesa). Ao falar de valores psicanalíticos, estou, isto sim, me referindo aos modos de ser e modos de ver que caracterizam a maneira específica na qual cada um de nós pratica a psicanálise. Neste capítulo, tentarei transmitir ao leitor os valores que estão no cerne de meu modo de praticar psicanálise e de quem sou enquanto psicanalista.

I Ser humano

Cada elemento de um sistema de valores analíticos é inseparável de todos os outros, e mesmo assim, a meu ver, existe uma hierarquia de importância entre os elementos deste sistema. Para mim, o que é imprescindível à psicanálise é o princípio de que o analista trata seu paciente – e todos aqueles que são afetados pela vida do paciente – de uma forma humanitária, de uma forma que sempre honre a dignidade humana. Este princípio é a estrela guia da psicanálise; é um ponto de referência em torno do qual tudo o mais é si-

---

* N. de T. Eu poderia dar tudo ao Tempo exceto – exceto/O que eu mesmo guardei. Mas por que declarar/As coisas proibidas com as quais, enquanto dormia a Alfândega/ Eu atravessei para a Segurança? Pois eu cheguei Lá,/E aquilo de que não abriria mão, eu guardei.

tuado. Quando um analista não está sendo humano, o que ele está fazendo com o paciente não é para mim reconhecível como psicanálise.

[O significado de] ser humano no *setting* analítico é mais facilmente ilustrado por sua violação do que por sua efetivação. Por exemplo, acredito que é desumano quando um analista interrompe abruptamente a análise de um paciente explicando a ele que, por ele ter desenvolvido uma grave enfermidade física, seus problemas tornaram-se "reais" e, portanto, não tratáveis por psicanálise. Outra forma de comportamento desumano por parte do analista envolve tratar a doença psicológica do paciente como uma falha moral que merece o desprezo do analista (como expressado, por exemplo, ao abrir e ler sua correspondência enquanto o paciente está falando).

O analista reconhece que o comportamento desumano de um paciente (muitas vezes dirigido contra si mesmo) geralmente é um reflexo da doença psicológica para a qual ele procurou a ajuda do analista. O analista não desculpa o comportamento desumano do paciente (por exemplo, os pensamentos e as ações autodegradantes implacáveis do paciente, ou seu ato de queimar-se com cigarros), nem responde ao paciente com uma expressão de repulsa. Em vez disso, ele trata o comportamento como um apelo urgente pela ajuda do analista. Até certo ponto, o analista responde envolvendo-se em uma elaboração psicológica consciente e inconsciente na qual o comportamento desumano do paciente é tratado como uma comunicação inconsciente. Contudo, chega um momento em que o modo como o paciente está comunicando seu sofrimento é tão cruel (consigo mesmo, com o analista ou com os outros) que seria um despropósito se o analista prosseguisse com a "análise costumeira".

Acredito que não existe uma entidade tal como a psicanálise sob condições nas quais o analista permite que o paciente pratique atos de extrema desumanidade, como, por exemplo, deixar crianças muito pequenas sem atenção por longos períodos de tempo ou torturar animais até a morte. Nessas circunstâncias, o dever do analista não é deixar de ser psicanalista, mas tornar-se um psicanalista que faz algo mais (Winnicott, 1962). Quando o comportamento desumano do paciente atinge um nível inaceitável, o analista deve tratar a situação como uma emergência que exige uma ação decisiva. Comportando-se dessa maneira, o analista mostra ao paciente, sem pretensões de superioridade, quem o analista é, e o que lhe é mais importante (e, por implicação, o que é importante para os valores intrínsecos à psicanálise).

Agir humanamente no ambiente analítico não é sinônimo de diminuir o sofrimento psicológico do paciente (a menos que o sofrimento atinja proporções ou duração insuportáveis); o sofrimento psicológico é necessário ao processo analítico. O sofrimento marca o caminho e determina a sequência do trabalho psicológico que precisa ser feito. O esforço do paciente para efetuar uma mudança psicológica é intrinsecamente assustador e doloroso, pois isso significa abrir mão de modos de proteção que na infância mostraram-se críticos para seu esforço em manter sua sanidade (e, consequentemente, sua própria sobrevivência). Esses modos de ser que o paciente sentiu, e continua inconscientemente sentindo, serem necessários para sua sanidade/sobrevivência também são o que limita seriamente os modos nos quais ele é capaz de viver sua vida. Muitas vezes o paciente, de modo inconsciente e ambivalente, consulta o analista em busca de ajuda para este dilema – a incompatibilidade entre segurança e criatividade.

A meu ver, um analista continua sendo um analista quando engajado em formas de relacionamento com o paciente que não são vistos como "psicanálise padrão", por exemplo, visitando um paciente gravemente doente no hospital ou indo a uma cerimônia fúnebre em memória à esposa do paciente. (Tive a oportunidade de experimentar este primeiro evento analítico.) Tais intervenções, quando precedidas de ponderação e (quando possível) discussão com o paciente, constituem – em minha experiência como analisando, analista e supervisor – alguns dos eventos mais importantes na análise. Essas intervenções não têm valor analítico apenas porque são humanas; elas têm valor analítico porque são tanto humanas quanto facilitadoras de elaboração psicológica consciente e inconsciente.

II Encarar a música

Entre os modos de ser que valorizo no *setting* analítico, talvez apenas menos importante do que o analista ser humano, é o esforço, por parte do analista e do paciente, de encarar a verdade, de serem honestos consigo mesmos em face da experiência emocional perturbadora. Essa é uma das tarefas humanas mais difíceis. O esforço para enfrentar a verdade está no âmago do processo analítico e lhe dá direção. Na ausência de um esforço por parte do paciente e do analista para "encarar a música", o que ocorre na análise tem uma qualidade rasa, desconexa, simulada.

Vejo a psicanálise mais fundamentalmente como um esforço do paciente e do analista de colocar em palavras o que é verdade para a experiência emocional do paciente. Essa articulação possui tamanha importância porque o próprio ato de pensar e dar "forma" ao que é verdadeiro para o paciente altera esta verdade. Tal perspectiva fundamenta minha concepção da ação terapêutica da interpretação: ao interpretar, o analista simboliza verbalmente o que ele intui ser verdadeiro para a experiência inconsciente do paciente e, ao fazê-lo, altera o que é verdade e contribui para a criação de uma experiência potencialmente nova com a qual o par analítico pode fazer trabalho psicológico.

Paciente e analista não estão em busca da verdade por seu próprio mérito; eles estão, sobretudo, interessados no que é verdadeiro em relação ao que está acontecendo na transferência-contratransferência. O par analítico está fazendo isso com o propósito de criar um contexto humano no qual o paciente possa ser capaz de viver sua experiência emocional passada e presente (em oposição a evacuá-la ou anestesiar-se para ela).

Ao ajudar o paciente a enfrentar a verdade de sua experiência emocional, o analista é respeitoso com os modos que o paciente (desde a infância) encontrou para proteger sua sanidade. A velocidade e o ritmo dos esforços do paciente para encarar a verdade de sua experiência emocional são determinados pelo próprio paciente. Uma boa parcela do papel do analista envolve sustentar a tensão entre a necessidade de segurança do paciente e sua necessidade de conhecer a verdade.

III Ser responsável

O analista se responsabiliza por seu próprio comportamento e responsabiliza o paciente pelo dele (do paciente). A responsabilidade não termina no limite de nosso controle consciente sobre nós mesmos. Isto é, o analista se responsabiliza por comportar-se de forma sedutora, ciumenta, competitiva ou arrogante com o paciente independentemente de estar consciente de fazê-lo no momento ou de se tinha o poder de abster-se de fazê-lo. Além disso, pedimos de nós mesmos (e do paciente) que, no decorrer do tempo, ocorra um aumento no grau de controle exercido sobre este comportamento e um aumento no grau de consciência do contexto anteriormente inconsciente para o comportamento.

A responsabilidade do analista não é com a "psicanálise", mas com o bem-estar do paciente. O paciente o procurou – ainda que com frequência inconsciente disso – não "para ser analisado", mas para ajudá-lo a fazer o trabalho psicológico que ele precisa fazer a fim de viver sua vida de maneira diferente. Viver de maneira diferente pode significar viver de um modo menos atormentado, ou menos solitário, ou menos vazio, ou menos destituído de identidade, ou menos destrutivo, ou menos egoísta. O objetivo do analista não é executar os ditames de um conjunto de regras analíticas (com frequência codificadas pela escola analítica à qual ele "pertence"), mas atentar analiticamente para o dilema humano do paciente.

O analista não apenas vive e trabalha nos termos da situação analítica, ele também vive e trabalha no contexto da situação social/política de seu tempo. (O trabalho analítico de David Rosenfeld [2004] durante e depois dos "desaparecimentos" na época das ditaduras militares na Argentina e o regime de Pinochet no Chile prestam um testemunho ao peso suportado pelo analista em reconhecer e estar vivo tanto para o estado psicológico individual do paciente como para o contexto social externo.) O analista é responsável não apenas por permanecer receptivo e responsivo para a verdade do que está acontecendo no consultório, mas também para o que é verdadeiro no que está acontecendo no mundo externo. O analista não necessariamente aborda diretamente a realidade sociopolítica da época e, com certeza não tenta convencer, debater ou fazer proselitismo; mas existe um "instinto ético [uma sensação de] quando devemos fazer o bem" (Borges, 1975, p. 412) que ele incorpora à análise. O que Robert Pinsky (1988) escreve sobre as responsabilidades do poeta tem importante relação com as formas de responsabilidade do psicanalista. O poeta, para Pinsky,

> não precisa tanto de uma plateia quanto de sentir uma necessidade de responder, uma promessa de resposta. A promessa pode ser uma contradição, ela pode ser indesejável, ela pode passar despercebida... mas ela é uma dívida, e a sensação de que ela é uma dívida é um requisito básico para que o poeta se sinta bem em relação à arte. A necessidade de responder, tão firme quanto um objeto tomado emprestado ou uma dívida em dinheiro, é o chão onde o centauro [a imaginação] anda.
>
> (p. 85)

Ainda que o analista normalmente não revele ao paciente suas opiniões sociopolíticas, sua "promessa [a si mesmo] de responder", seu "instinto ético" é uma presença sentida na análise enquanto o paciente luta com seu próprio conjunto complexo de promessas cumpridas e não cumpridas a si mesmo, referentes a seus esforços de encarar e responder (tanto em pensamento quanto em ação) ao que é verdade a seus mundos interno e externo.

IV Sonhar-se sendo

O crescimento psicológico do paciente, a meu ver, envolve a expansão de sua capacidade de experimentar o espectro completo de sua experiência emocional, suas "alegrias e tristezas, e... também naufrágios" (Goethe, 1808, p. 46). Randall Jarrell (1955) descreve este espectro de sentimentos na poesia de Frost:

> Ter a distância das partes dos poemas mais horríveis e mais próximas do insuportável, às mais delicadas, sutis e adoráveis, uma distância tão grande; ter todo este espectro do ser tratado com tanto humor e tristeza e tranquilidade, com tão clara verdade; ver que um homem ainda pode incluir, unir e tornar humanamente compreensível ou humanamente incompreensível *tanto* – esta é uma das mais novas e mais velhas das alegrias.
>
> (p. 62)

O psicanalista deve ser capaz de reconhecer com tristeza e compaixão que entre as piores e mais debilitantes perdas humanas é a perda da capacidade de estar vivo para nossa própria experiência – em cujo caso perdemos uma parte de nossa qualidade humana. A terrível realidade (que nunca é inteiramente uma realidade psíquica) que está na origem de tamanha catástrofe pode envolver o fato de o paciente ter sido privado da oportunidade de receber e dar amor nos primeiros anos de vida. Para outros, a origem pode estar em experiências de inimaginável, indizível sofrimento, tais como as experimentadas nos campos de concentração ou na morte de um filho – um sofrimento tão terrível que está além da capacidade de um ser humano de assimilá-lo e ainda assim permanecer emocionalmente vivo de forma plena.

Estar vivo para viver a própria experiência é, em minha concepção, sinônimo de ser capaz de sonhar nossa experiência emocional vivida. Estou aqui utilizando o termo *sonhar* de um modo que é proposto pelo trabalho de Bion (1962a). Na medida em que somos capazes de sonhar nossa experiência, somos capazes de gerar uma resposta emocional a ela, aprender com ela e ser mudado por ela.

Como discutido no capítulo anterior, acredito que central à psicanálise é a participação do analista em sonhar os sonhos "não sonhados" e "interrompidos" do paciente. Sonhos interrompidos (pesadelos metafóricos) são experiências emocionais com as quais o paciente é capaz de realizar um trabalho psicológico inconsciente genuíno. Entretanto, o sonhar do paciente (sua elaboração psicológica inconsciente) é interrompido em um ponto onde a capacidade para sonhar é sobrepujada pela natureza perturbadora do que está sendo sonhado. Nesse ponto, o paciente "desperta", isto é, deixa de ser capaz de continuar empreendendo uma elaboração psicológica inconsciente. Observamos este fenômeno na súbita ruptura que ocorre quando uma criança está brincando e o conteúdo da brincadeira torna-se tão perturbador que supera a capacidade de brincar (a criança varre da mesa todas as figuras com as quais ela estava envolvida).

Em contraste com os sonhos interrompidos, os sonhos não sonhados são experiências emocionais com as quais o paciente é incapaz de realizar trabalho psicológico inconsciente. Experiências insonháveis ocorrem em estados psicologicamente dissociados, tais como momentos de autismo ou psicose, transtornos psicossomáticos e perversões graves. Sonhos não sonhados são comparáveis a terrores noturnos no sentido de que estes últimos não são sonhos genuínos (eles ocorrem em sono não REM) e não realizam trabalho psicológico; o "sonhador não desperta deles e, em certo sentido, somente desperta se futuramente for capaz de sonhar a experiência emocional anteriormente insonhável. Os sonhos não sonhados permanecem como ameaças de experiências amorfas, sinistras, inimagináveis, que ameaçam nossa sanidade e nosso próprio ser. (Winnicott [1967] descreveu esta sensação de mau presságio como um "medo de colapso".)

Sonhar nossa própria experiência é adquirir a posse dela no processo de sonhá-la, pensá-la e senti-la. A nossa continuidade de ser – o "zumbido" de fundo de estar vivo – é o "som" contínuo de sonhar-se sendo. A psicanálise, desta perspectiva, é uma forma de relacionamento psicológico na qual o analista participa do sonhar os sonhos anteriormente não sonhados e interrompidos do paciente. A meta da psicanálise não é simplesmente sonhar os sonhos não sonhados e interrompidos do paciente no *setting* analítico. A participação do analista no sonhar a experiência anteriormente insonhável do paciente é um meio para um fim: o paciente desenvolver sua capacidade de sonhar sua experiência sozinho. O fim da experiência analítica é medido não tanto pelo grau de resolução do conflito intrapsíquico quanto pelo grau em que o paciente tornou-se capaz de sonhar sua experiência sozinho.

V Pensar em voz alta

O desenvolvimento do uso da linguagem adequado à tarefa de comunicar a si próprio e a outrem algo do que estamos sentindo e pensando é fundamental para uma experiência analítica bem-sucedida. Não existe forma ideal para o diálogo analítico. Pelo contrário, a forma como analista e analisando falam entre si é algo que eles devem inventar para si mesmos. Quando a análise é uma "busca constante" (Winnicott, 1964, p. 27), esta invenção é única.

Quando analista e analisando são capazes de pensar e falar por si mesmos, eles não utilizam "linguagem emprestada", por exemplo, jargões, clichês e termos técnicos. Sua linguagem tende a ser viva, suas metáforas têm um frescor despreocupado de menta. O uso da linguagem serve para comunicar, não para obscurecer; gerar compreensão, não confusão; dizer o que é verdadeiro em nossa experiência emocional, não perverter a verdade.

O analista, quando fala com o paciente com sua própria voz, não soa "como um analista"; sua voz é a de uma pessoa comum falando com outra pessoa comum de um modo que é pessoal para a outra pessoa e para a história de seu relacionamento. Uma qualidade que muitas vezes caracteriza este tipo de diálogo analítico é o sentimento de que o analista e o analisando estão cada um por seu lado descobrindo o que pensam no próprio ato de falar. Eu constato que raramente sei como vou terminar uma frase ou qual será a próxima frase quando começo a falar com um paciente.

Embora a psicanálise dependa fortemente do uso da linguagem, a fala e o pensamento reflexivo não são suficientes para sustentar uma experiência analítica criativa. O que o paciente e o analista pensam e devem dizer precisa estar direta ou indiretamente ligado ao crescimento emocional do paciente, crescimento que se reflete na ação, isto é, em mudanças reais no modo como o paciente vê sua vida, no modo como ele se conduz no mundo. De outra forma, pensar e falar – por mais penetrantes que sejam – não passam de ginástica mental; paciente e analista ficam envolvidos em uma simulação de psicanálise.

VI Não saber

A psicanálise – significativamente moldada por Bion durante o último quarto de século – passou a dar grande valor à capacidade do analista e do analisando de não saber. Nesse estado de espírito, somos capazes de nos maravilhar com o mistério, com a total imprevisibilidade e com o poder do inconsciente que pode ser sentido, mas nunca conhecido. O inconsciente é uma imanência, não um oráculo.

Quando o analista é incapaz de sustentar um estado de "não saber", o passado eclipsa o presente, e o presente é projetado no futuro. Um analista incapaz de tolerar não saber pode "saber" até antes do analisando chegar para sua sessão de segunda-feira que o paciente – como tantas vezes ocorreu no passado – sentiu-se solitário e intensamente ciumento em relação à esposa (imaginada) do analista. E, ainda por cima, o paciente mais uma vez vai sentir que o analista alardeia com crueldade a exclusão do paciente de sua família pelo fato de ter o consultório em sua residência. O paciente pode realmente ter sentido tudo isso, mas para que seja possível conversar sobre esta gama de sentimentos de um modo que seja significativo para o paciente, a experiência deve ser sentida pelo analista e ele deve falar sobre ela como se fosse a primeira vez. Pois o evento está na realidade ocorrendo pela primeira vez no contexto único do momento presente da análise.

O analista deve ser capaz de *não se conhecer* tão bem. Por exemplo, o filho de 8 anos do analista pode ter sofrido um acidente de bicicleta e quebrado o braço no dia anterior. A percepção do analista do fato de que ele ainda está reagindo intensamente a este acontecimento é apenas um ponto de partida, uma vez que os significados são muitos e ainda estão no processo de serem gerados. Somente por não saber o significado de seus pensamentos e sentimentos sobre o acidente de seu filho é que o analista será capaz de discernir o modo no qual sua experiência daquele acontecimento é diferente com cada paciente e que seus pensamentos e sentimentos sobre seu filho são produzidos de uma nova maneira com cada paciente e moldados pelo que está acontecendo em cada sessão. Por exemplo, com um paciente, os devaneios do analista podem girar em torno de uma conversa com o ortopedista, na qual o analista sentiu-se envergonhado de seu desejo de ser tratado como um colega médico pelo doutor. Com outro paciente, os devaneios do analista podem assumir a forma de medos sobre a possibilidade de que a fratura de seu filho vai acarretar uma limitação permanente do movimento do braço; e, ainda, com outro paciente, o analista pode sentir um misto de tristeza e admiração ao lembrar da coragem que seu filho demonstrou ao contar ao médico (de uma maneira muito meiga) sobre como tomou a decisão de ir para casa e não para a casa de seu amigo depois do acidente, ainda que a casa de seu amigo fosse muito mais próxima.

Cada um desses diversos devaneios inconscientemente faz uso da experiência emocional do analista com seu filho de um modo que é produto do que está acontecendo em um nível inconsciente (em um dado momento) entre ele e um determinado paciente. A experiência do acidente e suas sequelas não são mais de posse única do analista. Elas se tornaram uma experiência do "terceiro analítico" (Ogden, 1994a, 1997b), um sujeito criado conjuntamente por paciente e analista cujos pensamentos e sentimentos são experienciados pelo analista na forma de um sonho acordado (isto é, seus devaneios).

Não saber é uma precondição para ser capaz de imaginar. A capacidade imaginativa no *setting* analítico é nada menos do que sagrada. A imaginação mantém aberta múltiplas possibilidades de experimentação na forma de pensar, brincar, sonhar e em todos outros tipos de atividade criativa. A imaginação coloca-se em contraste com a fantasia, a qual tem uma forma fixa que se repete várias vezes e não leva a parte alguma (como se vê, por exemplo, na impotência sexual proveniente de fantasias de que o sexo é letal para si mesmo ou para o parceiro sexual). Imaginar não é descobrir uma solução para um problema emocional; é mudar os termos do próprio dilema. Por exemplo, um paciente pode sentir que precisa escolher entre manter sua própria sanidade e ser amado por sua mãe. Alterar os termos deste dilema humano pode tomar a forma de reconhecer que um amor que requer abrir mão das próprias ideias é uma forma de amor que é impessoal no sentido de que destrói quem se é.

Os valores analíticos que eu discuti num todo constituem, para mim, um fundamento, aquilo "do que eu não abriria mão" em meu exercício da psicanálise. O leitor terá seus próprios valores analíticos oriundos de sua experiência. Para mim, estes valores são "o próprio chão onde o centauro [psicanalítico] anda" (Pinsky, 1988, p. 85), a alma viva da psicanálise.

3

Uma nova leitura das origens da teoria das relações objetais

Alguns escritores escrevem o que pensam; outros pensam o que escrevem. Estes últimos parecem produzir seu pensamento no próprio ato de escrever, como se os pensamentos surgissem da conjunção de caneta e papel, e o trabalho se desdobrasse por surpresa à medida que avança. Freud em muitos de seus livros e artigos mais importantes, incluindo "Luto e melancolia" (1917b), era um escritor desse segundo tipo. Nesses escritos, Freud não se preocupou em encobrir seu rasto, por exemplo, suas tentativas malogradas, suas incertezas, suas inversões de raciocínio (muitas vezes no meio das frases), seu arquivamento temporário de ideias por elas parecerem muito especulativas ou carentes de suficiente fundamentação clínica.

O legado de Freud não foi simplesmente um conjunto de ideias, mas tão importante e inseparável dessas ideias, um novo modo de pensar sobre a experiência humana que deu origem a nada menos do que uma nova forma de subjetividade. Cada um de seus escritos psicanalíticos, deste ponto de vista, é simultaneamente uma explicação de um conjunto de conceitos e uma demonstração de um novo modo de pensar e experienciar a nós mesmos.

A escolha que fiz de examinar de perto "Luto e melancolia" de Freud teve dois motivos. Em primeiro lugar, considero este artigo uma das contribuições mais importantes de Freud porque ali ele desenvolve, pela primeira vez, de uma forma sistemática, uma linha de pensamento que posteriormente seria chamada de "teorias das relações objetais" [1] (Fairbairn, 1952). Esta linha de pensamento desempenhou um papel fundamental na moldagem da psicanálise a partir de 1917. Em segundo lugar, constatei que um exame rigoroso do texto de Freud *como escrita* em "Luto e melancolia" oferece uma extraordinária oportunidade não apenas de ouvir Freud pensar, mas também, através da escrita, de entrar naquele processo de pensamento com ele. Dessa forma, o leitor pode aprender muito sobre o que é característico na nova forma de pensar (e sua concomitante subjetividade) que Freud estava vivenciando no processo de criar neste artigo. [2]

Freud escreveu "Luto e melancolia" em menos de três meses, no início de 1915, durante um período que foi para ele repleto de grande turbulência intelectual e emocional. A Europa estava frente às agruras da Primeira Guerra Mundial. A despeito de seus protestos, dois dos seus filhos apresentaram-se para o serviço militar e lutaram nas linhas de combate. Freud estava ao mesmo tempo envolto nas garras de intenso estímulo intelectual. Nos anos de 1914 e 1915, escreveu uma série de 12 ensaios que representaram sua primeira importante revisão da teoria psicanalítica desde a publicação de *A interpretação dos sonhos* (1900). A intenção de Freud era publicar estes artigos em um livro sob o título de *Preliminares de uma metapsicologia*. Ele esperava que esta coletânea "fornecesse uma base teórica estável para a psicanálise" (Freud, citado por Strachey, 1957, p. 105).

No verão de 1915, Freud escreveu para Ferenczi: "Os doze artigos estão, por assim dizer, prontos" (Gay, 1988, p. 367). Como a expressão "por assim dizer" sugere, ele tinha receios sobre o que havia escrito. Somente cinco dos ensaios – todos pioneiros – chegaram a ser publicados: "Os instintos e suas vicissitudes", "Repressão" e "O Inconsciente" foram publicados como artigos de revista em 1915. "Uma suplementação metapsicológica à teoria dos sonhos" e "Luto e melancolia", embora concluídos em 1915, só foram publicados em 1917. Freud destruiu os outros sete artigos, que, como contou a Ferenczi, "mereciam supressão e silêncio" (Gay, 1988, p. 373). Nenhum desses artigos foi mostrado sequer a seu círculo mais íntimo de amigos. Os motivos de Freud para "silenciar" estes ensaios permanecem um mistério na história da psicanálise.

Na discussão a seguir, eu analiso cinco partes do texto de "Luto e melancolia", cada uma das quais contendo uma contribuição central para a compreensão analítica da elaboração inconsciente do luto e da melancolia; ao mesmo tempo, examino o modo como Freud utilizou esta exploração aparentemente focal destes estados psicológicos como um veículo para introduzir – tanto implícita quanto explicitamente – os fundamentos de sua teoria das relações objetais internas inconscientes.[3]

I

A voz singular de Freud ressoa na frase de abertura de "Luto e melancolia":

> Os sonhos nos serviram como protótipo, na vida normal, dos transtornos mentais narcisistas, vamos agora tentar lançar alguma luz sobre a natureza da melancolia comparando-a com a emoção normal do luto.

(1917b, p. 243)

A voz que ouvimos na escrita de Freud é notavelmente constante ao longo dos 23 volumes das *Obras completas*. É uma voz com a qual nenhum outro psicanalista escreveu porque nenhum outro analista teve o direito de fazê-lo. A voz que ele cria é a de um pai fundador de uma nova disciplina.[4] Já na frase de abertura, algo um tanto notável pode ser ouvido que geralmente achamos natural ao lermos Freud: no decorrer dos 20 anos que precedem a escrita desta frase, Freud não havia apenas criado um sistema conceitual revolucionário: ele havia alterado a própria linguagem. É para mim impressionante observar que praticamente todas as palavras na frase de abertura adquiriram nas mãos de Freud novos significados e um novo conjunto de relacionamentos, não apenas com praticamente todas as outra palavras na frase, mas também com inúmeras palavras no idioma como um todo. Por exemplo, a palavra "sonhos" que inicia a frase é um vocábulo que encerra ricas camadas de significado e mistério que não existiam antes da publicação de *A interpretação dos sonhos* (1900). Concentradas neste vocábulo recriado por Freud encontram-se alusões a:

1. uma concepção de um mundo interior inconsciente reprimido que poderosa mas indiretamente exerce poder sobre a experiência consciente, e vice-versa;
2. uma visão de que o desejo sexual está presente desde o nascimento e está enraizado em instintos corporais que se manifestam em desejos incestuosos inconscientes, fantasias parricidas e medos de retaliação na forma de mutilação genital;
3. um reconhecimento do papel do sonhar como uma conversação essencial entre aspectos inconscientes e pré-conscientes de nós mesmos;
4. uma reconceitualização radical da simbologia humana – a um só tempo universal e perfeitamente idiossincrática à história de vida de cada indivíduo.

Evidentemente, esta lista é apenas uma amostra dos significados que a palavra "sonho" – refeita por Freud – evoca.

De modo análogo, as palavras "vida normal", "transtornos mentais" e "narcisista" relacionam-se entre si e com a palavra "sonho" de modos que simplesmente não poderiam ter ocorrido 20 anos antes. A segunda metade da frase sugere que duas outras palavras que denotam aspectos da experiência humana serão refeitas neste artigo: "luto" e "melancolia".[5]

A lógica do argumento central de "Luto e melancolia" começa a se desdobrar quando Freud compara as características psicológicas do luto com as da melancolia: ambas são respostas à perda e envolvem "grandes desvios da atitude normal à vida" (p. 243).[6] Na melancolia, encontramos uma prostração profundamente dolorosa, cessação do interesse pelo mundo externo, perda da capacidade de amar, inibição de toda atividade e uma diminuição dos sentimentos de autoestima a um grau que encontra expressão em autorrepreensões e autovilipêndios, e culmina em uma expectativa delirante de punição.

(Freud, 1917b, p. 244)

Freud assinala que os mesmos traços caracterizam o luto – com uma exceção: "a perturbação da autoestima". Somente em retrospectiva o leitor vai perceber que o pleno valor da tese que Freud desenvolve neste artigo repousa nesta simples observação feita quase de passagem: "A perturbação da autoestima está ausente no luto; mas, fora isso, as características são as mesmas" (p. 244). Como em todo bom romance policial, todas as pistas necessárias para resolver o crime são abertamente expostas praticamente desde o princípio.

Com o pano de fundo sobre a discussão das semelhanças e diferenças – há apenas uma diferença de sintoma – entre o luto e a melancolia, o artigo parece mergulhar abruptamente na exploração do inconsciente. Na melancolia, o paciente e o analista podem nem saber o que o paciente perdeu – uma ideia notável do ponto de vista do senso comum em 1915. Mesmo quando o melancólico está consciente de que sofreu a perda de uma pessoa, "ele sabe *quem* ele perdeu, mas não *o que* ele perdeu dentro de si" (p. 245): Há ambiguidade na linguagem de Freud aqui: o melancólico não percebe o tipo de importância que a ligação com o objeto tinha para ele: "*o que* [o melancólico] perdeu [ao perder] em si"? Ou o melancólico está inconsciente do que ele perdeu *em si mesmo* como consequência de perder o objeto? A ambiguidade – quer Freud a pretendesse ou não – introduz sutilmente a importante noção de simultaneidade e interdependência de dois aspectos inconscientes da perda objetal na melancolia. Uma envolve a natureza da ligação do melancólico com o objeto, e a outra envolve uma alteração do *self* em resposta à perda do objeto.

> Isto [falta de consciência por parte do melancólico do que ele perdeu] sugeriria que a melancolia está de alguma forma relacionada com uma perda-de-objeto que é retirada da consciência, em contraste com o luto, no qual não há nada a respeito da perda que seja inconsciente.

(p. 245)

Em seu esforço para compreender a natureza da perda-de-objeto inconsciente na melancolia, Freud retorna à única diferença sintomática observável entre luto e melancolia: a autoestima diminuída do melancólico.

> No luto é o mundo que se tornou pobre e vazio; na melancolia é o próprio ego. O paciente representa seu ego para nós como destituído

> de valor, incapaz de qualquer realização e moralmente desprezível; ele se repreende e se avilta e espera ser expulso e castigado. Ele se rebaixa ante todos e se compadece de seus próprios parentes por estarem ligados a uma pessoa tão indigna. Ele não é da opinião de que uma mudança ocorreu nele, mas estende sua autocrítica ao passado; ele declara que nunca foi melhor.
>
> (p. 246)

Mais em seu uso da linguagem do que em declarações teóricas explícitas, o modelo de mente de Freud está sendo reelaborado aqui. Existe um fluxo constante de pareamentos sujeito-objeto, eu-mim neste trecho: o paciente como sujeito repreende, rebaixa, avilta a si mesmo como objeto (e estende as repreensões para trás e para frente no tempo). O que está sendo sugerido – e apenas sugerido – é que estes pareamentos sujeito-objeto estendem-se além da consciência para o inconsciente atemporal e constituem o que está acontecendo inconscientemente na melancolia que não está ocorrendo no luto. O inconsciente é neste sentido um lugar metafórico no qual os pareamentos "eu-mim" são conteúdos psicológicos inconscientes que ativamente empreendem um ataque atemporal contínuo do sujeito (eu) ao objeto (mim) que exaure o ego (conceito em transição aqui) ao ponto de ele tornar-se "pobre e vazio" no processo.

O melancólico está doente por manter uma relação diferente com seus defeitos quando comparado ao enlutado. O melancólico não evidencia a vergonha que se esperaria de uma pessoa que se experiencia como "mesquinha, egoísta, [e] desonesta" (p. 246); ao invés disso demonstra uma "insistente comunicatividade que encontra satisfação na autoexposição" (p. 247). Toda vez que Freud retorna à observação da autoestima diminuída do melancólico, ele faz uso disso para iluminar um aspecto diferente da "elaboração interna" inconsciente (p. 245) da melancolia. Dessa vez a observação, com seu conjunto acumulado de significados, torna-se um importante suporte para uma nova concepção do ego que até então só havia sido indiretamente sugerida:

> o transtorno melancólico adquire [uma visão] da constituição do ego humano. Vemos como... [no melancólico] uma parte do ego se coloca contra a outra, julga-a de maneira crítica e, por assim dizer, a toma como objeto... Aqui estamos sendo familiarizados com a instância comumente chamada de "consciência"... e nos depararemos com evidências que indicam que ela pode se tornar doente por sua própria conta.
>
> (p. 247)

Aqui, Freud está reconceituando o ego de diversas maneiras importantes. Tomadas em conjunto, estas revisões constituem o primeiro de uma série de princípios que embasam a teoria psicanalítica emergente de Freud das relações objetais internas inconscientes: primeiro, o ego, agora uma estrutura psíquica com componentes conscientes e inconscientes ("partes"), pode ser dividido; segundo, um aspecto dissociado inconsciente do ego tem capacidade de gerar pensamentos e sentimentos de maneira independente – no caso da instância crítica, estes pensamentos e sentimentos são de natureza crítica e moralista auto-observadora; terceiro, uma parte dissociada do ego pode estabelecer uma relação inconsciente com outra parte do ego; e quarto, um aspecto dissociado do ego pode ser saudável ou patológico.

II

O artigo adquire inegavelmente uma estrutura semelhante à fuga (musical) quando Freud retoma – ainda que de uma nova maneira – a única diferença sintomática entre luto e melancolia:

> Se ouvirmos pacientemente as muitas e variadas autoacusações de um melancólico, não podemos ao fim evitar a impressão de que, muitas vezes, as mais violentas delas dificilmente seriam aplicáveis ao próprio paciente, mas que com mudanças insignificantes elas de fato se encaixam com outra pessoa, alguém que o paciente ama ou amou ou deveria amar... Assim, encontramos a chave para o quadro clínico: percebemos que as autorrepreensões são repreensões contra um objeto amado que foi afastado dele para o ego do próprio paciente.
>
> (p. 248)

Desse modo, Freud, como se desenvolvesse maior acuidade observacional à medida que escrevia, vê algo que anteriormente não havia percebido – que as acusações que o melancólico acumula contra si mesmo representam ataques inconscientemente deslocados ao objeto amado. Esta observação serve como ponto a partir do qual Freud postula um segundo conjunto de elementos de sua teoria das relações objetais.

Ao considerar as repreensões inconscientes do melancólico ao objeto amado, Freud retoma uma ideia que ele havia introduzido anteriormente na discussão. A melancolia frequentemente envolve uma luta psicológica que envolve sentimentos ambivalentes pelo objeto amado como "no caso da noiva que recebeu um fora" (p. 245). Freud investiga o papel da ambivalência na melancolia observando que os melancólicos não mostram a menor humildade apesar de sua insistência em sua própria desvalia "e sempre se comportam como se tivessem sido insultados e tratados com grande injustiça" (p. 248). Seu intenso senso de merecimento e injustiça "só é possível porque as reações expressadas em seu comportamento ainda procedem de uma constelação mental de revolta, a qual, então, por um determinado processo, já evoluiu para o aniquilado estado da melancolia (p. 248).

Parece-me que Freud está sugerindo que o melancólico experimenta indignação (em oposição a outros tipos de raiva) frente ao objeto por este desapontá-lo e cometer "uma grande injustiça" com ele. Este protesto/revolta é aniquilado na melancolia como uma consequência de um "determinado processo". É a delineação deste "determinado processo" em termos teóricos que vai ocupar grande parte do restante de "Luto e melancolia".

O leitor pode identificar inequívoca empolgação na voz de Freud na frase seguinte: "É possível reconstruir este processo [transformativo] sem dificuldade" (p. 248). As ideias estão se aclarando. Certa clareza está emergindo do emaranhado de observações aparentemente contraditórias, como, por exemplo, a combinação de severa autocondenação e vociferante indignação santarrona no melancólico. Ao explicar o processo psicológico que media o movimento da revolta (contra as injustiças que sofreu) para o estado de aniquilamento do melancólico, Freud, com extraordinária destreza, apresenta uma concepção radicalmente nova da estrutura do inconsciente:

> Uma escolha-objetal, uma ligação da libido a uma determinada pessoa, existiu no passado [para o melancólico]; depois, devido a uma ofensa ou decepção real proveniente desta pessoa amada, a relação objetal se esfacelou. O resultado não foi o normal, de retirada da libido [energia emocional amorosa] deste objeto e um deslocamento dela para um novo... [Em vez disso], a catexia objetal [o investimento emocional no objeto] provou ter pouco poder de resistência [pouca capacidade de manter o vínculo com o objeto] e foi finalizada. Mas a libido livre não foi dirigida a outro objeto; ela foi recolhida ao ego. Ali,... ela [o investimento emocional amoroso que foi retirado do objeto]... serviu para estabelecer uma *identificação* do [de uma parte do] ego com o objeto abandonado. Assim, a sombra do objeto recaiu sobre o [uma parte do] ego, e este pôde doravante ser julgado por uma instância especial [outra parte do ego], como se fosse um objeto, o objeto renunciado. Desse modo, uma perda-de-objeto foi transformada em uma perda-do-ego [uma diminuição da autoestima] e o conflito entre o ego e a pessoa amada [foi transformado] em uma cisão entre a atividade crítica do [de uma parte do] ego [posteriormente denominada superego] e o [outra parte do] ego assim alterado por identificação.
>
> (p. 248-249)

Estas frases representam uma demonstração poderosamente sucinta do modo como Freud estava, neste artigo, começando a escrever/pensar teórica e clinicamente em termos das relações entre aspectos inconscientes, pareados, dissociados do ego (isto é, sobre relações objetais internas inconscientes).⁷ Freud, pela primeira vez, está reunindo em uma narrativa coerente, representada em termos teóricos de ordem superior, seu novo modelo de mente reconceituado e revisado.

Existe tanta coisa acontecendo nesta passagem que é difícil saber por onde começar a discuti-la. A linguagem utilizada por Freud parece oferecer um meio de acesso a este momento crítico no desenvolvimento do pensamento psicanalítico. Existe uma importante mudança na linguagem que Freud está utilizando que serve para expressar uma reelaboração de um aspecto importante de sua concepção de melancolia. As palavras "perda-do-objeto", "objeto perdido" e mesmo "perdido como objeto de amor", são, sem comentários da parte de Freud, substituídas pelas palavras "objeto abandonado" e "objeto renunciado".

O "abandono" do objeto no melancólico (em contraste com a perda do objeto no enlutado) envolve um evento psicológico paradoxal: o objeto abandonado, para o melancólico, é preservado, na forma de uma identificação com ele: "Assim [ao identificar-se com o objeto] a sombra do objeto recai sobre o ego..." (p. 249). Na melancolia, o ego é alterado não pelo brilho do objeto, mas (mais obscuramente) pela "sombra do objeto". A metáfora da sombra sugere que a experiência melancólica de identificar-se com o objeto abandonado tem uma qualidade fraca, bidimensional, em contraste com o forte e vivaz tom emocional. A experiência dolorosa de perda entra em curto-circuito pela identificação do melancólico com o objeto, assim negando a separação do objeto: o objeto sou eu e eu sou o objeto. Não existe perda; um objeto externo (o objeto abandonado) é onipotentemente substituído por outro interno (o ego-identificado-com-o-objeto).

Assim, em resposta à dor da perda, o ego é dividido duas vezes formando um relacionamento objetal interno no qual uma parte dissociada do ego (a instância crítica) raivosamente (com indignação) ataca a outra parte dissociada do ego (o ego-identificado-com-o-objeto). Embora Freud não fale nesses termos, poder-se-ia dizer que a relação objetal interna é criada com a finalidade de esquivar-se do doloroso sentimento de perda do objeto. Esta evitação é alcançada por meio de uma "inconsciente negociação com o diabo": em troca pela evasão da dor da perda do objeto, o melancólico está condenado a um sentimento de falta de vitalidade que resulta de sua desconexão com grande parte da realidade externa. Nesse sentido, o melancólico é privado de uma parte considerável de sua própria vida – a vida tridimensional vivida no mundo dos objetos externos reais. O mundo interno do melancólico é fortemente moldado pelo desejo de manter prisioneiro o objeto na forma de um substituto imaginário para ele – o ego-identificado-com-o-objeto. Em certo sentido, a internalização do objeto torna o objeto para sempre prisioneiro do melancólico e ao mesmo tempo torna o melancólico eternamente prisioneiro dele.

Um sonho de um de meus pacientes me ocorre como uma expressão particularmente pungente da qualidade de congelamento do mundo objetal interno inconsciente do melancólico. O paciente, o Sr. K, começou a fazer análise um ano depois da morte de sua esposa com quem fora casado por 22 anos. Em um sonho que o Sr. K referiu várias vezes na análise, ele estava participando de uma reunião social na qual seria prestada uma homenagem a alguém cuja identidade não estava clara para ele. Durante a execução dos preparativos, um homem na plateia pôs-se de pé e elogiou efusivamente o bom caráter e as importantes realizações do Sr. K. Quando o homem terminou, o paciente se levantou e expressou sua gratidão pelos elogios, mas disse que o propósito do encontro era prestar uma homenagem ao convidado de honra, e, portanto, a atenção do grupo deveria ser dirigida a ele. Imediatamente depois que o Sr. K se sentou, outra pessoa se levantou e novamente elogiou o paciente demoradamente. O Sr. K levantou-se outra vez e depois de repetir brevemente sua declaração de gratidão pela adulação, voltou a dirigir a atenção da reunião ao convidado homenageado. Esta sequência se repete várias vezes até que o paciente constata horrorizado (no sonho) que esta sequência se repetiria para sempre. O Sr. K acorda-se do sonho com o coração acelerado em estado de pânico.

O paciente havia me contado nas sessões que antecederam o sonho que ele cada vez menos tinha esperança de ser capaz de amar outra mulher e "voltar a viver". Ele disse que nunca deixou de esperar que sua esposa voltasse para casa todas as noites às 6h30. Ele acrescentou que todo evento familiar depois da morte dela só tinha sido mais uma ocasião em que sua esposa estava faltando. Ele se desculpava por suas expressões lúgubres de autopiedade.

Eu disse ao Sr. K que achava que o sonho de certa forma expressava o modo como ele se sentia aprisionado em sua incapacidade de interessar-se genuinamente por novas pessoas, muito menos homenageá-las. No sonho, ele, na forma dos convidados prestando infindáveis homenagens a ele, dirigia a si próprio o que poderia ser interesse dedicado a alguém fora de si mesmo, alguém fora de seu relacionamento internamente paralisado com sua esposa. Prossegui dizendo que era notável que o convidado homenageado não tinha nome, muito menos uma identidade e qualidades humanas que pudessem ter despertado curiosidade, perplexidade, raiva, ciúme, inveja, compaixão, amor, admiração ou qualquer outro conjunto de respostas a outra pessoa. Acrescentei que o horror que ele sentia ao final do sonho parecia refletir sua consciência de que o estado estático de autoaprisionamento no qual ele vive é potencialmente infindável. (Boa parte desta interpretação reportava-se a muitas discussões que o Sr. K e eu tínhamos tido sobre seu estado de estar "emperrado" em um mundo que não existia mais.) O Sr. K respondeu dizendo-me que enquanto eu falava ele lembrara-se de um outra parte do sonho, feita de uma única imagem imóvel dele envolto em pesadas correntes e incapaz de mover sequer um único músculo de seu corpo. Ele disse que se sentia enojado pela extrema passividade da imagem.

Os sonhos e a discussão que se seguiram representaram uma espécie de ponto de virada na análise. A resposta do paciente à minha ausência entre as sessões e durante os intervalos de fim de semana e de feriados tornou-se menos assustadoramente desoladora para ele. No período subsequente a esta sessão, o Sr. K constatou que ele, às vezes, passava horas sem experimentar a sensação corporal pesada em seu peito com a qual tinha vivido persistentemente desde a morte de sua esposa.

Embora a ideia da identificação inconsciente do melancólico com o objeto perdido/abandonado para Freud tivesse "a chave para o quadro clínico" (p. 248) da melancolia, Freud acreditava que a chave para o problema teórico da melancolia teria que resolver satisfatoriamente uma contradição importante:

> Por um lado, uma forte fixação (um vínculo emocional intenso, mas estático) com o objeto amado deve ter estado presente; por outro, em contradição com isso, a catexia do objeto deve ter tido pouco poder de resistência [isto é, pouca capacidade de manter aquele vínculo com o objeto diante da sua morte real ou temida ou perda do objeto como consequência de decepção].
>
> (p. 249)

O "segredo" para uma teoria psicanalítica da melancolia que resolve a contradição da coexistência de forte fixação no objeto e falta de tenacidade daquele vínculo objetal reside, para Freud, no conceito de narcisismo: "Esta contradição parece implicar que a escolha do objeto foi efetuada sobre uma base narcísica, de modo que a catexia do objeto, quando objetos se interpõem em seu caminho, possa regredir para o narcisismo" (p. 249).

A teoria freudiana do narcisismo, que Freud havia apresentado apenas alguns meses antes em seu artigo, "Sobre o narcisismo: uma introdução" (1914b), proveu uma parte importante do contexto para a teoria das relações objetais da melancolia que ele estava desenvolvendo em "Luto e melancolia". Em seu artigo sobre narcisismo, Freud propôs que o bebê normal inicia em um estado de "narcisismo original" ou "primário" (p. 75), um estado no qual toda energia emocional é libido egóica, uma forma de investimento emocional que toma o ego (a si mesmo) como seu único objeto. O bebê dá um passo para o mundo fora de si mesmo na forma de identificação narcisista – um tipo de vínculo objetal que trata os objetos externos como uma extensão de si mesmo.

Da posição psicológica da identificação narcisista, o bebê saudável com o tempo desenvolve estabilidade psicológica suficiente para relacionar-se de uma forma narcisista com os objetos em que o laço com o objeto é formado sobretudo de um deslocamento da libido do ego para o objeto (Freud, 1914b).

> Assim, formamos a ideia de que existe uma catexia libidinal original do ego, a partir da qual parte [do investimento emocional no ego] é posteriormente emitida aos objetos, mas [o investimento emocional no ego]... persiste fundamentalmente e está relacionado às catexias objetais [narcisistas], muito como o corpo de uma ameba está relacionado ao pseudópodo que ela projeta.
>
> (1914b, p. 75)

Em outras palavras, no laço objetal narcisista, o objeto é investido com a energia emocional que originalmente foi dirigida a si próprio (e, neste sentido, o objeto é um substituto para o *self*). O movimento da identificação narcisista para o objeto narcisista é uma questão de uma pequena, mas significativa, mudança no grau de reconhecimento da, e no investimento emocional na, alteridade do objeto. [8]

O bebê saudável é capaz de alcançar uma diferenciação e complementaridade entre libido egóica e libido objetal. Nesse processo de diferenciação, ele está começando a desenvolver uma forma de amor objetal que não é simplesmente um deslocamento do amor a si mesmo para o objeto. Em vez disso, desenvolve-se uma forma mais madura de amor objetal na qual o bebê encontra afinidade com os objetos que são experimentados como externos a si mesmo – fora do reino da onipotência do bebê.

Aqui está para Freud a solução do problema teórico – a "contradição" – estabelecida pela melancolia: o paciente melancólico na infância não foi capaz de mover-se com êxito do narcisismo para o amor objetal. Consequentemente, face à perda ou desapontamento com o objeto, o melancólico é incapaz de luto, isto é, incapaz de enfrentar a realidade da perda do objeto e, com o tempo, desenvolver um amor objetal maduro com outra pessoa. O melancólico não tem capacidade de desligar-se do objeto perdido e em vez disso evita a dor da perda através da regressão da relação objetal narcisista para a identificação narcisista, "cujo resultado é que, a despeito do conflito [desapontamento que leva à indignação] com a pessoa amada, a relação de amor não precisa ser renunciada" (p. 249). Como Freud coloca como frase de síntese perto do fim do artigo: "Assim, refugiando-se no ego [por meio de uma identificação narcisista poderosa], o amor evita a extinção" (p. 257).

A meu ver, um erro de interpretação de "Luto e melancolia" tornou-se arraigado no que comumente se toma como a concepção de Freud da melancolia (ver, por exemplo, Gay, 1988, p. 372-373). Refiro-me ao conceito errôneo de que a melancolia, segundo Freud, envolve a identificação com o aspecto ambivalentemente amado que foi perdido. Esta interpretação, ainda que correta no que encerra, perde o ponto central da tese de Freud. O que diferencia o melancólico do enlutado é o fato de que o melancólico sempre se mostrou capaz de estabelecer apenas formas narcisistas de relação objetal. A natureza narcisista da personalidade melancólica torna-a incapaz de manter uma conexão firme com a dolorosa realidade da perda irrevogável do objeto que é necessária para o luto. A melancolia envolve um pronto recurso reflexivo à regressão à identificação narcisista como modo de não experimentar o lado duro da própria incapacidade de desfazer o fato da perda do objeto.

A teoria das relações objetais, como vai tomando forma no decorrer da escrita de Freud deste artigo, agora inclui um eixo desenvolvimentista precoce. O mundo das relações objetais internas inconscientes está sendo visto por Freud como uma regressão defensiva às primeiras formas de relacionamento objetal em resposta ao sofrimento psicológico – no caso do melancólico, o sofrimento é a dor da perda. O indivíduo substitui o que poderia tornar-se um relacionamento tridimensional com o objeto externo mortal e às vezes decepcionante por um relacionamento bidimensional (como uma sombra) com um objeto interno que existe em um domínio psicológico fora do tempo (e, consequentemente, protegido da realidade da morte). Ao fazê-lo, o melancólico evita a dor da perda e, por extensão, outras formas de sofrimento psicológico, mas o faz a um custo imenso – a perda de boa parte de sua própria vitalidade (emocional).

III

Tendo conjeturado que o melancólico substitui por um relacionamento objetal interno inconsciente o outro externo, e tendo unido isso à concepção de regressão defensiva à identificação narcisista, Freud volta-se para uma terceira característica definidora da melancolia que, como veremos, fornece a base para outra importante característica de sua teoria psicanalítica das relações objetais internas inconscientes:

> Na melancolia, as ocasiões que dão origem à doença estendem-se em sua maioria além do claro caso de perda por morte, e incluem todas as situações de ser insultado, negligenciado ou decepcionado, que podem importar sentimentos antagônicos de amor e ódio à relação ou reforçar uma ambivalência já existente... A catexia erótica do melancólico [investimento emocional erótico no objeto]... assim sofreu uma dupla vicissitude: parte dela regrediu à identificação [narcisista], mas a outra parte, sob a influência do conflito devido à ambivalência, foi levada de volta ao estágio de sadismo...
>
> (1917b, p. 251-252)

O sadismo é uma forma de ligação com o objeto na qual o ódio (a indignação do melancólico com o objeto) torna-se inextricavelmente entrelaçada com o amor erótico, e neste estado combinado pode ser uma força de ligação ainda mais poderosa (de uma forma sufocante, subjugadora, tirânica) do que os laços de amor sozinhos. O sadismo na melancolia (gerado em resposta à perda ou desapontamento por um objeto amado) dá origem a uma forma especial de tormento tanto para o sujeito quanto para o objeto – aquela mistura de amor e ódio encontrada na perseguição. Nesse sentido, o aspecto sádico do relacionamento da instância crítica com a porção dissociada do ego-identificado-com-o-objeto pode ser pensada como um perseguição desvairada implacável de um aspecto dissociado do ego por outro – o que Fairbairn (1944) mais tarde veria como o laço de amor/ódio entre o ego libidinal e o objeto de excitação.

Essa concepção da enorme força de ligação de amor e ódio combinados é uma parte integrante da compreensão psicanalítica da incrível durabilidade das relações objetais internas patológicas. Esta lealdade ao objeto interno mau (odiado e odiento) com frequência é a fonte tanto da estabilidade da estrutura patológica da organização da personalidade do paciente, quanto de alguns dos impasses transferenciais-contratransferenciais mais intratáveis que encontramos no trabalho analítico. Além disso, os laços de amor misturado com ódio explicam certas formas de relacionamento patológico, tais como os fortes laços da criança abusada e do cônjuge espancado com seus agressores (e os laços do abusador com o abusado). O abuso é inconscientemente experienciado pelo abusado e abusador como ódio amoroso e amor odioso – os quais são ambos certamente preferíveis a absolutamente nenhum relacionamento amoroso (Fairbairn, 1944).

IV

Empregando uma de suas metáforas prediletas – o analista como detetive – Freud cria em sua escrita um sentimento de aventura, de tomada de riscos e até de suspense, ao considerar "a característica mais notável da melancolia... sua tendência de converter-se em mania – o estado que é o oposto dela em seus sintomas" (p. 253). A linguagem utilizada por Freud em sua discussão da mania – que é inseparável das ideias que ele apresenta – dá ao leitor uma ideia das diferenças fundamentais entre luto e melancolia, e entre relações objetais (internas e externas) saudáveis e patológicas.

> Não posso prometer que esta tentativa [de explicar a mania] venha se mostrar totalmente satisfatória. Ela mal nos leva além da possibilidade de tomarmos uma direção inicial. Temos duas coisas a examinar: a primeira é uma impressão psicanalítica, e a segunda é o que talvez chamemos de questão de experiência econômica. A impressão [psicanalítica]... [é] que ambos os transtornos [mania e melancolia] estão lutando com o mesmo

'complexo' [inconsciente], mas que provavelmente na melancolia o ego sucumbiu ao complexo [na forma de um doloroso sentimento de ter sido esmagado], ao passo que na mania ele a dominou [a dor da perda] ou a deixou de lado.

(1917, p. 253-254)

A segunda das duas coisas "que temos... a examinar" é a "experiência econômica geral". Tentando explicar os sentimentos de exuberância e triunfo na mania, Freud lançou a hipótese de que a economia da mania – a distribuição quantitativa e o jogo das forças psicológicas – pode ser semelhante ao que se observa quando

> algum pobre miserável, ao ganhar uma grande soma de dinheiro, repentinamente vê-se aliviado de preocupações crônicas com o pão diário, ou quando uma longa e árdua batalha é finalmente coroada com sucesso, ou quando um homem encontra-se em uma posição de livrar-se com um único golpe de alguma compulsão opressiva, alguma posição falsa que por muito tempo teve que manter, e assim por diante.
>
> [1917b, p. 254)

Começando com o trocadilho das "condições econômicas" na descrição do pobre miserável que ganha uma grande soma de dinheiro, a frase continua para capturar algo do sentimento de mania em uma sucessão de imagens que são diferentes de qualquer outro conjunto de imagens no artigo. Essa representação dramática me sugere os próprios desejos mágicos de Freud de travar sua própria "árdua batalha...finalmente coroada com sucesso" ou de ser capaz de "livrar-se com um único golpe [de sua própria]... compulsão opressiva" de escrever uma quantidade prodigiosa de livros e artigos em seus esforços para conquistar para si mesmo e para a psicanálise a estatura que mereciam. E como o inevitável fim da bolha expansiva da mania, a força motriz da sequência de imagens parece desmoronar nas frases imediatamente subsequentes:

> Esta explicação [da mania por analogia com outras formas de súbito alívio do sofrimento] certamente parece plausível, mas em primeiro lugar é muito indefinida, e, em segundo, ela gera mais novos problemas e dúvidas do que podemos responder. Não evadiremos sua discussão aqui, ainda que não possamos esperar que ela nos leve a uma compreensão clara.
>
> (1917b, p. 255)

Freud – quer esteja consciente disso ou não – está fazendo mais do que alertar o leitor para suas incertezas [de Freud] em relação à compreensão da mania e sua relação com a melancolia; ele está demonstrando ao leitor, por meio de seu uso da linguagem e na estrutura de seu pensamento e escrita, qual é a sensação – como é – pensar e escrever de um modo que procure não confundir o que é desejado de forma onipotente e autoenganosa com o que é real; as palavras são utilizadas em um esforço para simplesmente dar às ideias e situações seus nomes corretos de maneira simples, clara e precisa.

O trabalho de Bion oferece um contexto útil para compreendermos melhor o significado do comentário de Freud de que ele não vai "evadir" os novos problemas e dúvidas gerados por sua hipótese. Bion (1962a) utiliza a ideia da evasão para referir-se ao que ele acredita ser a marca da psicose: enganar a dor em vez de tentar simbolizá-la para si mesmo (por exemplo, sonhando), conviver com ela e realizar uma elaboração psicológica genuína com ela no decorrer do tempo. Esta última resposta – de viver com a dor, simbolizá-la para si mesmo e realizar um trabalho psicológico com ela – está no âmago da experiência do luto. Em contraste, o paciente maníaco que "domina a [dor da perda]... ou a deixa de lado" (Freud, 1917b, p. 254) transforma o que poderia tornar-se um sentimento de terrível decepção, solidão e raiva impotente em um estado semelhante à "alegria, exaltação ou triunfo" (p. 254).

Acredito que Freud aqui, sem reconhecimento explícito – e talvez sem intenção consciente –, começa a abordar o limite psicótico da mania e da melancolia. O aspecto psicótico tanto da mania quanto da melancolia envolve a evasão da tristeza, bem como de boa parte da realidade externa. Isso é efetuado por meio de múltiplas cisões do ego em conjunção com a criação de um relacionamento objetal interno imaginário atemporal que onipotentemente substitui a perda de um relacionamento objetal externo real. Falando de modo mais amplo, um mundo objetal interno inconsciente fantasiado substitui o mundo externo real, a onipotência substitui a impotência, a imortalidade substitui as realidades intransigentes da passagem do tempo e da morte, o triunfo substitui o desespero, o desprezo substitui o amor.

Assim, Freud (em parte explicitamente e em parte implicitamente, e talvez em parte inadvertidamente), através de sua discussão da mania, acrescenta outro elemento importante à teoria das relações objetais que ele está desenvolvendo. O leitor pode identificar na linguagem utilizada por Freud (por exemplo, em seus comentários sobre o paciente maníaco triunfalmente deixar de lado a dor da perda e exultar em sua vitória imaginária sobre o objeto perdido) a ideia de que o mundo objetal interno inconsciente do paciente maníaco é construído com a finalidade de evadir, "fugir" (p. 257) da realidade externa da perda e da morte. Este ato de fugir da realidade externa tem o efeito de mergulhar o paciente em uma esfera de pensamento onipotente isolando-o da vida vivida em relação a objetos externos reais. O mundo das relações objetais externas se esvazia em consequência de ter sido desvinculado do mundo objetal interno inconsciente. A experiência do paciente no mundo dos objetos externos é desvinculada do "fogo" animador (Loewald, 1978, p. 189) do mundo objetal interno inconsciente. Inversamente, o mundo objetal interno inconsciente, tendo sido isolado do mundo dos objetos externos, não pode crescer, não pode "aprender com a experiência" (Bion, 1962a) e não pode estabelecer (mais do que de forma limitada) "diálogos" gerativos entre aspectos inconscientes e pré-conscientes de si mesmo "na fronteira do sonhar" (Ogden, 2001a).

V

Freud conclui o artigo com uma série de pensamentos sobre uma ampla gama de tópicos relacionados ao luto e à melancolia. Destes, a expansão de Freud do conceito de ambivalência representa, a meu ver, a contribuição mais importante tanto para a compreensão da melancolia quanto para o desenvolvimento de sua teoria das relações objetais. Freud havia discutido em muitas ocasiões anteriores, já a partir de 1900, uma concepção da ambivalência como um conflito inconsciente de amor e ódio no qual o indivíduo ama a mesma pessoa que odeia, por exemplo, na ambivalência dolorosa da experiência edipiana saudável ou nos tormentos paralisantes da ambivalência do neurótico obsessivo. Em "Luto e melancolia", Freud utiliza o termo "ambivalência" de uma maneira visivelmente diferente; ele o utiliza para se referir a uma luta entre o desejo de viver com os vivos e o desejo de estar junto com os mortos:

> ódio e amor lutam entre si [na melancolia]; um procura separar a libido do objeto [assim permitindo que o sujeito viva e o objeto morra], o outro manter esta posição da libido [que está ligada à versão interna imortal do objeto].
>
> (1917b, p. 256)

Assim, o melancólico experimenta um conflito entre, por um lado, o desejo de estar vivo com a dor da perda irreversível e a realidade da morte, e por outro, o desejo de amortecer-se para a dor da perda e da consciência da morte. O indivíduo capaz de luto consegue se libertar da luta entre a vida e a morte que paralisa o melancólico: "o luto impele o ego a abrir mão do objeto declarando que o objeto está morto e oferecendo ao ego o incentivo a continuar vivendo..."(p. 257). Desse modo, a dolorosa aceitação do enlutado da realidade da morte do objeto é alcançada em parte porque o enlutado sabe (inconscientemente e às vezes conscientemente) que sua própria vida, sua própria capacidade de "continuar a viver" está em jogo.

Lembro-me de uma paciente que começou a fazer análise comigo quase 20 anos depois da morte de seu marido. A Sra. G contou-me que muito depois da morte de seu marido, ela passara um fim de semana sozinha em um lago onde ela e seu marido costumavam alugar um chalé uma vez ao ano durante os 15 anos que precederam a morte dele. Ela me contou que durante uma viagem ao lago logo depois que ele morreu, ela partira sozinha em um barco a motor rumo a um labirinto de pequenas ilhas e canais tortuosos que eles haviam explorado muitas vezes. A Sra. G disse que a ideia havia lhe ocorrido com uma certeza absoluta de que seu marido estava naquele grupo de canais, e que se ela entrasse naquela parte do lago, ela jamais sairia porque nunca teria sido capaz de "desvencilhar-se" dele. Ela me disse que tinha tido que brigar com todas as suas forças para não ir para lá ficar com seu marido.

Aquela decisão de não ir ao encontro do marido morto tornou-se um símbolo importante na análise da escolha da paciente de viver sua vida em um mundo preenchido pela dor do pesar e pelas suas memórias de seu marido. À medida que a análise prosseguiu, o mesmo evento no lago veio simbolizar algo bem diferente: a incompletude de seu ato de "desvencilhar-se" de seu marido depois da morte dele. Tornou-se cada vez mais claro na transferência-contratransferência que, em um sentido importante, uma parte dela havia partido com o marido, ou seja, um aspecto dela havia sido amortecido e que isso não tinha sido problema para ela até aquele momento crítico na análise.

No decorrer do ano subsequente de análise, a Sra. G experimentou uma imensa sensação de perda – não apenas a perda de seu marido, mas também a perda de sua própria vida. Ela confrontou pela primeira vez a dor e a tristeza de reconhecer o modo como por décadas ela havia inconscientemente se limitado em relação ao uso de sua inteligência e talentos artísticos, assim como de sua capacidade de estar plenamente viva em sua experiência cotidiana (incluindo sua análise). (Não acredito que a Sra. G tivesse estado maníaca, e tampouco que ela tivesse utilizado defesas maníacas em demasia, mas acredito que guardava em comum com um paciente maníaco uma forma de ambivalência que envolve tensão entre, por um lado, o desejo de viver a vida entre os vivos – interna e externamente – e, por outro, o desejo de existir com os mortos em um mundo morto atemporal e em um mundo objetal interno anestesiante.)

Retornando à discussão de Freud da mania, o paciente maníaco está empenhado em uma "luta de ambivalência [em um esforço inconsciente desesperado para voltar à vida através] do afrouxamento da fixação da libido no objeto [interno] depreciando-o, denegrindo-o e até como se estivesse o matando" (p. 257).[9] Esta frase é surpreendente: a mania representa não apenas o esforço do paciente para evadir a dor do pesar depreciando e denegrindo o objeto. A mania também representa as tentativas do paciente (muitas vezes malsucedidas) de sentir pesar mediante a libertação do mútuo aprisionamento envolvido no relacionamento interno inconsciente com o objeto perdido. A fim de sentir pesar pela perda do objeto, primeiro é preciso matá-lo, isto é, devemos realizar o trabalho psicológico de permitir que o objeto esteja irrevogavelmente morto, tanto em nossa própria mente quanto no mundo externo.

Ao introduzir a noção de uma forma de ambivalência envolvendo a luta entre o desejo de continuar vivendo e o desejo de amortecer-se em um esforço para estar com os mortos, Freud acrescentou uma dimensão fundamental à sua teoria das relações objetais: a noção de que as relações objetais internas podem ter uma qualidade viva e animadora ou uma qualidade morta e amortecedora (e por extensão, toda combinação possível dos dois). Esse modo de conceber o mundo objetal interno tem sido central aos recentes desenvolvimentos na teoria psicanalítica explorados por Winnicott (1971a) e Green (1983). Esses autores enfatizaram a importância das experiências do analista e do paciente de animação e amortecimento do mundo objetal interno do paciente. O senso de animação e amortecimento da transferência-contratransferência é, a meu ver, talvez a medida mais importante do *status* do processo analítico a cada momento (Ogden, 1995, 1997b). O som de grande parte do atual pensamento analítico – e suspeito que do som do pensamento analítico ainda por vir – pode ser ouvido em "Luto e melancolia" de Freud, se soubermos ouvir.

Freud conclui o artigo com uma voz de genuína humildade, interrompendo a investigação no meio do raciocínio:

> – Mas aqui, mais uma vez, será bom fazer uma pausa e protelar explicações adicionais da mania... Como já sabemos, a interdependência dos complexos problemas da mente nos obriga a interromper qualquer investigação antes que ela esteja concluída – até que o resultado de alguma outra investigação possa vir em seu socorro.
>
> (1917b, p. 259)

Como terminar melhor um artigo sobre a dor de enfrentar a realidade e as consequências das tentativas de evadi-la? O mundo solipsista de um teorista psicanalítico que não esteja firmemente fundamentado na realidade de sua experiência vivida com os pacientes é muito semelhante ao do melancólico autoaprisionado que sobrevive em um mundo objetal interno atemporal imorredouro (e ainda assim morto e embotador).

VI Resumo

Ao apresentar uma leitura de "Luto e melancolia" de Freud, examinei não apenas as ideias que Freud estava apresentando, mas, igualmente importante, o modo como ele estava pensando/escrevendo neste artigo decisivo. Tentei demonstrar como Freud utilizou sua exploração do trabalho inconsciente do luto e da melancolia para propor e explorar alguns dos principais princípios de um modelo revisado de mente (que posteriormente seria chamado de "teoria das relações objetais"). Os principais princípios do modelo revisado apresentado neste artigo de 1917 incluem:

1. a ideia de que o inconsciente é organizado em grau significativo em torno de relações objetais internas estáveis entre partes dissociadas pareadas do ego;
2. a noção de que podemos nos defender da dor psíquica por meio de substituição de um relacionamento objetal externo por um relacionamento objetal interno fantasiado inconsciente;
3. a ideia de que os laços patológicos de amor misturado com ódio estão entre os mais fortes vínculos que ligam os objetos internos entre si em um estado de mútuo aprisionamento;
4. a noção de que a psicopatologia das relações objetais internas muitas vezes envolve o uso de pensamento onipotente em uma medida que impede o diálogo entre o mundo objetal interno inconsciente e o mundo da experiência real com objetos externos reais;
5. a ideia de que a ambivalência nas relações entre objetos internos inconscientes envolve não apenas o conflito entre amor e ódio, mas também o conflito entre o desejo de continuar a viver em nossos relacionamentos objetais e o desejo de estar de acordo com nossos objetos internos mortos.

NOTAS

1. Utilizo o termo "teoria das relações objetais" para referir-me a um grupo de teorias psicanalíticas que têm em comum um conjunto pouco coeso de metáforas que tratam dos efeitos intrapsíquicos e interpessoais das relações entre objetos "internos" inconscientes (iato é, entre partes inconscientes dissociadas da personalidade). Este grupo de teorias coexiste na teoria psicanalítica freudiana como um todo com muitas linhas de pensamento sobrepostas, complementares e, com frequência, contraditórias (cada uma utilizando conjuntos de metáforas um pouco diferentes).
2. Discuti anteriormente (Ogden, 2001c) a interdependência da vitalidade das ideias e a vida da escrita em uma contribuição psicanalítica muito diferente mas não menos significativa: "Desenvolvimento emocional primitivo", de Winnicott (1945).
3. Estou me baseando na tradução de 1957 de Strachey de "Luto e Melancolia" na *Standard Edition* como texto para minha discussão. Está fora do escopo deste capítulo abordar questões relativas à qualidade daquela tradução.
4. Menos de um ano antes de escrever "Luto e melancolia", Freud (1914a) observou que ninguém precisa se perguntar sobre o papel dele na história da psicanálise: "A psicanálise é minha criação; por 10 anos eu fui a única pessoa que se ocupou dela" (p. 7).
5. O termo freudiano "melancolia" é um sinônimo aproximado de "depressão", como o termo é atualmente utilizado.

6. Freud comenta que "nunca nos ocorre considerar... [o luto] como uma condição patológica a ser encaminhada para tratamento médico. Contamos que ele será superado após um certo lapso de tempo, e vemos qualquer interferência sobre ele como inútil ou até prejudicial" (1917b, p. 243-244). Esta observação é oferecida como uma afirmativa do óbvio e talvez até fosse assim na Viena de 1915. Mas, em minha opinião, este entendimento na atualidade é proferido mais da boca para fora do que genuinamente respeitado.
7. Ainda que Freud tenha utilizado a ideia de "um mundo interno" em "Luto e Melancolia", foi Klein (1935, 1940, 1952) que transformou a ideia em uma teoria sistemática da estrutura do inconsciente e da interação entre o mundo objetal interno e o mundo dos objetos externos. Ao desenvolver sua concepção do inconsciente, Klein contribuiu valiosamente para uma alteração fundamental da teoria psicanalítica. Ela mudou as metáforas dominantes daquelas associadas aos modelos topográfico e estrutural de Freud para um conjunto de metáforas espaciais (algumas descritas, outras apenas sugeridas em "Luto e Melancolia"). Estas metáforas espaciais retratam um mundo interno inconsciente habitado por "objetos internos" – aspectos dissociados do ego – que são unidos em "relações objetais internas" por poderosos laços afetivos. (Para uma discussão dos conceitos de "objetos internos" e "relações objetais internas" como se desenvolveram na obra de Freud, Abraham, Klein, Fairbairn e Winnicott, ver Ogden, 1983.)
8. Ao mesmo tempo em que o bebê está engajado em movimentar-se da identificação narcisista para o laço objetal narcisista, ele está simultaneamente engajado no desenvolvimento de um "tipo... de escolha objetal [guiado pela libido-objetal] que pode ser chamada de 'anaclítico' ou do 'tipo apego' (Freud, 1914b, p. 87). Esta última forma de relação objetal tem sua "fonte" (p. 87) no "apego original... [às] pessoas que se relacionam com a alimentação, cuidado e proteção..." (p. 87). Na saúde, as duas formas de relacionamento objetal – narcisista e do tipo-apego – se desenvolvem "lado a lado" (p. 87). Sob circunstâncias ambientais ou biológicas aquém de ideais, o bebê pode desenvolver psicopatologia caracterizada por uma dependência quase exclusiva de relações objetais narcisistas (em contraste com relações do tipo-apego).
9. O leitor pode ouvir a voz de Melanie Klein (1935, 1940) neste trecho dos comentários de Freud sobre a mania. Todos os três elementos da conhecida tríade clínica de Klein que caracterizam a mania e a defesa maníaca – controle, desprezo e triunfo – podem ser encontrados em forma nascente na concepção de mania de Freud. O objeto nunca será perdido ou sua falta sentida porque ele está, na fantasia inconsciente, sob o controle onipotente, assim não havendo perigo de perdê-lo; mesmo que o objeto fosse perdido, isso não importaria porque o objeto desprezível é "inútil" (Freud, 1917b, p. 257) e está-se em melhor situação sem ele; além disso, estar sem o objeto é um "triunfo" (p. 254), uma ocasião para "usufruir" (p. 257) nossa emancipação do pesado albatroz que esteve pendurado em nosso pescoço.

4
Sobre não ser capaz de sonhar

Muito tem sido escrito sobre o que os sonhos significam, mas relativamente pouco sobre o que significa sonhar, e ainda menos sobre o que significa não ser capaz de sonhar. A seguir apresento uma ideia, uma história e uma experiência analítica, cada uma delas utilizada como forma de responder à pergunta sobre o que significa – tanto em um plano teórico quanto experiencial – não ser capaz de sonhar.

I Uma ideia

Antes de discutir uma ideia (mais precisamente, um conjunto inextricavelmente entrelaçado de ideias) derivada do trabalho de Bion sobre não ser capaz de sonhar, algumas palavras sobre a terminologia desse autor são necessárias. Bion (1962a) acreditava que a terminologia psicanalítica tinha se tornado tão saturada com "uma penumbra de associações" (p. 2) que, para gerar não apenas novas ideias, mas também modos genuinamente novos de pensar psicanaliticamente, era necessário introduzir um novo conjunto de termos, um conjunto vazio, que indicaria o que ainda não é conhecido em oposição ao que imaginamos que já sabemos. Para os propósitos da presente discussão, apenas uma pequena parte desta terminologia precisa ser definida – se a palavra "definida" puder alguma vez ser empregada em relação ao pensamento e à escrita fugidia e evocativa de Bion, sempre em desdobramento. Bion (1962a) introduziu o termo "função-alfa" para referir ao conjunto ainda desconhecido de operações mentais que juntas transformam impressões sensoriais brutas ("elementos-beta") em elementos da experiência (chamados de "elementos-alfa") que podem ser armazenados como memória inconsciente de uma forma que os torna acessível para criar vínculos necessários para atividades psicológicas inconscientes bem como pré-conscientes e conscientes, tais como sonhar, pensar, reprimir, recordar, esquecer, enlutar, devanear e aprender com a experiência.

Os elementos-beta não podem ser ligados uns aos outros na criação de significado. Eles podem muito grosseiramente ser comparados a um "chuvisco" em uma tela de televisão que não está pegando bem, na qual nenhuma cintilação visual ou grupo de cintilações pode ser ligado a outras cintilações para formar uma imagem ou mesmo um padrão significativo. Os elementos-beta (na ausência de função-alfa para convertê-los em elementos-alfa) só servem para evacuação ou para armazenamento – não como memória – mas como ruído psíquico. (As metáforas de "chuvisco" e "ruído" são minhas e representam interpretações de Bion.)

Em *Aprendendo com a experiência*, Bion (1962a) introduziu um conjunto radicalmente novo de ideias sobre o que está envolvido tanto no sonhar como em não ser capaz de sonhar.[1]

> Uma experiência emocional que ocorre durante o sono... não difere da experiência emocional que ocorre durante a vigília no sentido de que as percepções da experiência emocional tem em ambos os casos que ser elaboradas pela função-alfa para que possam ser utilizadas para pensamentos oníricos...
> Se o paciente não é capaz de transformar sua experiência emocional [sensória bruta] em elementos-alfa, ele não é capaz de sonhar. A função-alfa transforma as impressões sensoriais em elementos-alfa que se assemelham, e podem na verdade ser idênticos, às imagens visuais com as quais estamos familiarizados nos sonhos, a saber, os elementos que Freud considera como produtores de seu conteúdo latente [quando interpretados em análise ou autoanálise]...O fracasso da função-alfa significa que o paciente não pode sonhar e, portanto, não pode dormir. [À medida que] a função-alfa torna as impressões sensoriais [brutas]...disponíveis para [pensamento] consciente e pensamento-onírico, o paciente que não é capaz de sonhar não pode adormecer e não pode acordar. Daí a condição peculiar observada clinicamente quando um paciente psicótico se comporta como se estivesse precisamente neste estado.
>
> (p. 6-7)

No espaço desses dois densos parágrafos, Bion oferece uma reconceituação do papel do sonhar na vida humana. O sonhar ocorre continuamente dia e noite, embora tenhamos consciência disso em estados de vigília somente de forma derivativa, por exemplo, em estados de devaneio que ocorrem na sessão analítica (ver Ogden, 1997a, 1997b, 2002a). Se uma pessoa é incapaz de transformar dados sensórios brutos em elementos inconscientes da experiência que podem ser armazenados e disponibilizados para ligação, ela é incapaz de sonhar (o que envolve estabelecer ligações emocionais na criação de pensamentos oníricos).[2]

Em vez de ter um sonho (experienciado como um sonho), o indivíduo incapaz da função-alfa registra apenas dados sensórios. Para uma pessoa assim, os dados sensórios brutos (elementos-beta) experienciados no sonho são indistinguíveis daqueles que ocorrem na vigília.[3] Incapaz de diferenciar estados de vigília e de sono, o paciente "não pode adormecer e não pode despertar" (Bion, 1962a, p. 7). Esses estados são regularmente observados em pacientes psicóticos que não sabem se estão acordados ou sonhando porque o que poderia ter-se tornado um sonho (se o paciente fosse capaz da função-alfa) torna-se, em seu lugar, uma alucinação no estado de sono ou de vigília. Alucinações são o oposto do sonhar e do pensar inconsciente em um estado de vigília.

Inversamente, nem todos os eventos psíquicos que ocorrem no sono (mesmo aqueles em forma imagética visual que lembramos ao despertar) merecem ser chamados de "sonho". Os eventos psicológicos que ocorrem no sono que parecem ser sonhos mas não são sonhos incluem "sonhos" aos quais não podem ser feitas associações, alucinações durante o sono, os "sonhos" repetitivos (que não mudam) dos indivíduos que sofrem de neuroses traumáticas, "sonhos" sem imagens que consistem apenas de um estado de intensa emoção ou de uma ação muscular durante o sono. Embora estes fenômenos que ocorrem durante o sono possam parecer ser sonhos, eles não envolvem elaboração psicológica inconsciente – o trabalho do sonho – que resulta em crescimento psicológico. Podemos alucinar uma vida inteira sem que o menor sinal de elaboração psicológica esteja ocorrendo. Para Bion, como o compreendo, sonhar – para que mereça esta designação – deve envolver um trabalho psicológico inconsciente realizado através da ligação de elementos da experiência (que foram armazenados como memória) na criação de pensamento onírico. Esse trabalho de estabelecer ligações inconscientes – em oposição a formas de evacuação psíquica como a alucinação, excessiva identificação projetiva, defesa maníaca e delírio paranoide – permite-nos pensar consciente e inconscientemente sobre a experiência e fazer uso psicológico dela. Uma pessoa incapaz de aprender com (fazer uso da) a experiência está aprisionada no inferno de um mundo interminável e imutável do que é.

Bion prossegue para detalhar sua revisão da concepção analítica do sonhar:

> Um homem que conversa com um amigo converte as impressões sensoriais desta experiência emocional em elementos-alfa, assim tornando-se capaz de pensamentos oníricos e, portanto, de consciência serena dos fatos, quer os fatos sejam os eventos nos quais ele participa ou seus sentimentos sobre esses eventos, ou ambos. Ele é capaz de permanecer "adormecido" ou inconsciente de certos elementos que não podem atravessar a barreira apresentada por seu "sonho". Graças a seu "sonho" ele pode permanecer ininterruptamente desperto, ou seja, desperto para o fato de que ele está conversando com um amigo, mas adormecido para elementos que, se pudessem atravessar a barreira de seus "sonhos", levariam ao domínio de sua mente por ideias e emoções que são normalmente inconscientes.
>
> O sonho [que na saúde está continuamente sendo gerado de maneira inconsciente] cria uma barreira contra fenômenos mentais que poderiam

sobrepujar a consciência do paciente de que está conversando com um amigo, e, ao mesmo tempo, não permite que a consciência de que está conversando com um amigo sobrepuje suas fantasias.

(1962a, p. 15)

Aqui, Bion expande sua concepção do sonhar de tal forma que o papel do sonhar não se restringe mais à construção de narrativas (com conteúdos manifestos e latentes) por meio da união de elementos armazenados da experiência (elementos-alfa). Bion nesta passagem inverte a ideia convencional de que a capacidade de adormecer é uma precondição para sonhar. Ele propõe, ao contrário, que sonhar é o que torna possível adormecer e acordar. Sonhar, nesta nova concepção, cria consciência e inconsciência e mantém a diferença entre as duas. Nas mãos de Bion, o termo "estar adormecido" torna-se uma concepção de estar "inconsciente de certos elementos [os reprimidos] que não podem atravessar a barreira apresentada por seu 'sonho' " (p. 15). De modo análogo, estar desperto é agora sinônimo de estar ininterruptamente consciente do que está acontecendo na vida vígil (por exemplo, ouvir um paciente, ler um livro, ver um filme). Isso é possível por meio do sonhar inconsciente acordado. Ambos os modos de sonhar – aquele feito durante o sono e o sonho inconsciente acordado – geram uma barreira semipermeável viva que separa e liga a vida consciente e inconsciente. Na ausência do sonho inconsciente acordado, a consciência seria atropelada por pensamentos e sentimentos inconscientes reprimidos e, além disso, a experiência real no reino da realidade externa não estaria disponível ao indivíduo para fins de elaboração psicológica inconsciente. Sem acesso imperturbado à realidade externa, não dispomos de experiência vivida para trabalhar ou com a qual trabalhar.

Sonhar, deste ângulo, é o que nos permite criar e manter a estrutura de nossa mente organizada em torno da diferenciação de nossa vida consciente e de nossa vida inconsciente e do diálogo mediado entre elas. Se uma pessoa é incapaz de sonhar, ela é incapaz de diferenciar entre construções psíquicas inconscientes (por exemplo, sonhos) e percepções vígeis, e consequentemente é incapaz de adormecer e incapaz de despertar. Os dois estados são indistinguíveis e nestes casos a pessoa é psicótica. Bion observa que a incapacidade do psicótico de discriminar a experiência consciente e a inconsciente resulta em uma "peculiar falta de 'ressonância'" (p. 15) em seus "pensamentos racionais", sonhos relatados, expressões faciais, padrões da fala e assim por diante:

> O que ele [o psicótico] diz claramente e em linguagem articulada é unidimensional. Não há nuances de significado. Isso inclina o ouvinte a dizer "e daí?" O que ele diz não é capaz de provocar uma sequência de ideias.

(pp. 15-16)

A diferenciação e a interação entre vida consciente e inconsciente é criada pelo – e não apenas se reflete no – sonho. Nesse sentido importante, sonhar nos faz humanos. A essência da "ideia" de Bion – sua concepção de não ser capaz de sonhar – é expressada em uma alegoria que não poderia ter sido escrita por outro psicanalista que não Bion:

> Costuma-se dizer que um homem teve um pesadelo porque teve indigestão e que por isso acordou em pânico. Minha versão é: o paciente adormecido está em pânico; por não poder ter um pesadelo, ele não é capaz de despertar ou adormecer; ele tem tido indigestão mental desde então.
>
> (p. 8)

A "indigestão" mental à qual Bion está metaforicamente se referindo é a experiência de estar atemporalmente ("desde então") enterrado em um mundo de pânico insonhável (indigerível) – uma forma de pânico indisponível para sonhar e outras formas de trabalho psicológico inconsciente, um pânico do qual não é possível lembrar nem esquecer, nem guardar segredo nem comunicar. É um pânico que só podemos abandonar (por exemplo, como na alucinação, delírio ou identificação projetiva massiva) ou aniquilar (através de fragmentação ou suicídio).

A alegoria de Bion tem um quê de mito por causa da verdade universal que ela consegue transmitir nas mais simples das palavras e imagens cotidianas.

II Uma história

É fascinante ler o conto "Funes, o memorioso" de Borges (1941a) mantendo-se em mente a concepção de Bion do papel do sonhar na estruturação da mente e sua visão das consequências de não ser capaz de sonhar. "Funes, o memorioso" foi escrito mais de 20 anos antes da publicação de *Aprendendo com a experiência*. Apesar deste acidente do tempo, em minha opinião, nenhuma obra literária foi tão bem-sucedida quanto "Funes" de Borges em trazer à vida por meio da linguagem a experiência de não ser capaz de sonhar e, consequentemente, de não ser capaz de adormecer ou acordar.

Não estou apresentando a ficção de Borges como dados psicanalíticos ou como evidência que sustente o valor ou a veracidade das ideias de Bion. Estou, sim, convidando o leitor para experimentar parte do prazer que se pode ter admirando, brincando e acrescentando sua própria voz ao diálogo imaginário entre Bion e Borges sobre o tema de não ser capaz de sonhar.

"Funes, o memorioso" começa assim:

> Recordo-o (não tenho o direito de pronunciar esse verbo sagrado, apenas um homem na terra teve o direito e tal homem está morto) com

uma obscura passiflórea na mão, vendo-a como ninguém jamais a vira, ainda que a contemplasse do crepúsculo do dia até o da noite, uma vida inteira.*

(1941a, p.59)

Essa linda e enigmática frase de abertura e as frases que imediatamente a seguem criam um som e um ritmo, uma entoação quase reverencial à medida que as palavras "Recordo-o" ecoam pela página: "Recordo-o", "recordo-o", "recordo (creio)", "Recordo" e "Recordo claramente".

À medida que a história se desdobra, Borges (o personagem e narrador, que não pode ser claramente diferenciado de Borges, o autor) conta ao leitor que sua lembrança de seu primeiro encontro com Funes é uma imagem de um menino com "passos quase secretos" (p. 60). A frase "quase secretos" é um modo maravilhosamente compacto de expressar como praticamente toda experiência – seja uma percepção em vigília, uma lembrança ou um sonho – tem a qualidade de algo escondido (guardado em segredo) pelo que é percebido e de algo revelado pelo que é escondido (por ser quase secreto).

Ireneo Funes, que parece estar sempre correndo, é uma presença passageira com um "cigarro no rosto duro" e uma voz "aguda, zombeteira". Narra Borges que Funes, que assiduamente evita contato com pessoas, tem a capacidade "sem consultar o céu" (p. 60), de sempre saber a hora exata – "como um relógio" (p. 60). O "cronométrico" (p. 61) Funes não é apresentado como um menino comum: ele tem uma qualidade bizarra, ligeiramente ameaçadora, não plenamente humana.

Três anos depois, ao retornar para a cidade onde encontrara Funes pela primeira vez, Borges fica sabendo que o menino tinha caído de um cavalo e tinha se "tornado paralítico, sem esperança":

> Recordo a sensação de incômoda magia que a notícia despertou-me... [Ouvir a notícia] tinha muito de sonho elaborado com elementos anteriores... Duas vezes o vi [deitado em sua cama] atrás da grade de feno, que toscamente enfatizava a sua condição de eterno prisioneiro...
>
> (p. 61)

Funes logo fica sabendo que Borges trouxera consigo ("não sem um certo orgulho", Borges admite) três textos latinos e também um dicionário de latim. Funes manda um bilhete para Borges pedindo emprestado algum dos

---

*N. de T. Para os trechos citados da obra de Borges traduzidos do espanhol para o inglês no original, utilizo basicamente a tradução de Marco Antônio Fraciotti do espanhol para o português, com ligeiras modificações.

livros latinos juntamente com o dicionário (pois ele não sabia uma palavra de latim). Ele promete devolvê-los "quase imediatamente" (tudo é instantâneo no mundo em que Funes habita). Borges toma providências para que Funes receba os livros. Alguns dias depois, Borges vai a casa onde Funes mora com a mãe para pegar seus livros antes de retornar a Buenos Aires. Às escuras, Borges atravessa uma série de peças, corredores e pátios para encontrar Funes num cômodo de fundos onde "a escuridão pareceu-me total" (p. 62). Mesmo antes de entrar na peça, Borges já podia ouvir Funes, que, "com moroso deleite", articulava "sílabas romanas" que eram "indecifráveis, intermináveis" (p. 62). Posteriormente, naquela noite, Borges soube que as sílabas que Funes estava dizendo de memória formavam o vigésimo-quarto capítulo do sétimo livro de *Naturalis Historia* de Plínio.

> O tema deste capítulo é a memória: as últimas palavras foram *ut nihil non iisdem verbis redderetur auditum* [para que nada que foi ouvido possa ser recontado com as mesmas palavras].
>
> (p. 62)

Apesar dos toques de humor (por exemplo, as exibições exageradas de erudição parodiando a si mesmo), existe um senso de horror no som da voz aguda zombeteira – mais uma voz desencarnada do que uma pessoa falando – incessantemente recitando sílabas romanas (sons sem sentido em oposição a palavras usadas como símbolos para fins de comunicação).

Borges descreve algo que ocorreu durante a noite que passou com Funes. Ireneo explicou que antes de ser jogado do cavalo, ele havia sido

> o que são todos os cristãos: um cego, um surdo, um tolo, um desmemoriado... Dezenove anos havia vivido como quem sonha: olhava sem ver, ouvia sem ouvir, esquecia-se de tudo, de quase tudo. Ao cair, perdeu a consciência; quando a recobrou, o presente era quase intolerável de tão rico e tão nítido, e também as memórias mais antigas e mais triviais. Pouco depois averiguou que estava paralítico. O fato pouco o interessou. Pensou (sentiu) que a imobilidade era um preço mínimo. Agora a sua percepção e sua memória eram infalíveis.
>
> (p. 63)

Por 19 anos Funes havia vivido "como quem sonha", não como uma pessoa que acorda e dorme ciclicamente. Ele havia vivido como se estivesse num sonho do qual não podia despertar. Poder-se-ia dizer que antes da queda, Funes havia vivido como uma figura em um sonho sem um sonhador, ou talvez uma figura em seu próprio sonho ou uma figura no sonho de outra pessoa. Sua vida – imagino – era como a de um pássaro ou outro animal por sua falta de consciência da diferença entre si e o mundo natural do qual fazia parte. Funes não deduzia a hora a partir da posição do sol ou da lua no céu; em vez disso, ele experienciava a hora, ele era a hora, na medida em que ele era uma parte do sol e da lua e do céu e da luz e da escuridão. O mistério estava no fato de que ele podia falar, embora sua fala fosse pouco mais do que "comunicações" das badaladas do relógio a cada hora ou o cantar de um galo ao amanhecer.

Depois que Funes "recobrou os sentidos", ele não voltou ao estado anterior. Com seus recém-adquiridos poderes "infalíveis" de percepção e memória, Funes

> sabia as formas das nuvens austrais do amanhecer de 30 de abril de 1882 e podia compará-las na lembrança às dobras de um livro com encadernação espanhola que só havia olhado uma vez e às linhas da espuma que um remo levantou no Rio Negro na véspera da ação de Quebrado. Essas lembranças não eram simples; cada imagem visual estava ligada a sensações musculares, térmicas, etc.
>
> (p. 63-64)

Ireneo, ao comparar as nuvens nos céus austrais com as dobras de um livro encadernado e com a forma da espuma levantada por um remo no Rio Negro, estava criando uma cadeia de elos na qual cada elemento se relaciona com todos os outros, não segundo um sistema de associações lógicas ou mesmo emocionais, mas por elos unicamente sensoriais (por exemplo, de forma, temperatura, senso cinestésico e assim por diante). O resultado é um todo maciço, disperso, solipsista, sempre em expansão.

Funes tinha inventado um sistema de numeração original no qual cada número era substituído por uma palavra, por exemplo, "em lugar de sete mil e catorze, *A Ferrovia*...em lugar de quinhentos, dizia *nove*... Eu tratei de explicar-lhe [inutilmente] que essa rapsódia de termos desconexos era precisamente o contrário de um sistema de numeração"(p. 64-65).

Para Ireneo, as percepções e lembranças eram tão precisas e tão repletas de detalhes que ele perdera a capacidade de organizar suas percepções e lembranças em categorias e todo o senso de continuidade dos objetos ao longo do tempo e do espaço:

> Não apenas lhe custava compreender que o símbolo genérico *cão* abarcava tantos indivíduos díspares de diversos tamanhos e formas; perturbava-lhe que o cão das três e catorze (visto de perfil) tivesse o mesmo nome que o cão das três e quinze (visto de frente).
>
> (p. 65)

Ao "recobrar os sentidos", Funes não vivia mais como uma figura em um sonho; ele se tornara como um sonhador de um "mundo vertiginoso" (p. 65) nunca antes concebido por ninguém. Havia um grande problema intrínseco a esta façanha: ele era um prisioneiro no mundo psicológico que "sonhava". Ele não podia acordar deste "sonhar" no sentido de que não podia pensar sobre o que estava percebendo. Borges comenta soturnamente sobre a história: "Suspeito... que [Funes] não era muito capaz de pensar. Pensar é esquecer diferenças, é generalizar, abstrair" (p. 66). O mundo que Funes criou era sem sentido por que as relações entre suas partes não obedeciam nenhum sistema de lógica ou mesmo de ilógica. Funes existia como um sonhador de um sonho sem sentido que ele não sabia que estava sonhando. Este 'sonho' é um sonho que não é um sonho genuíno no senso que Bion (1962a) dá à palavra – ele não efetua trabalho psicológico, ele não muda nada e não leva a lugar algum. Esse tipo de "sonhar" como uma alucinação, torna impossível distinguir vigília de sonho, e, consequentemente, como Bion observou, impossível adormecer e despertar.

Vivendo como se produzisse perpetuamente "sonhos" sem sentido, Funes constatou que "era para ele [como Bion esperaria] muito difícil dormir" (p. 66). Paradoxalmente, dormir, para Funes, teria significado ser capaz de despertar de seu mundo autocriado (semialucinatório), abarrotado de infinitos detalhes sem nenhum resultado final. Dormir teria sido despertar de seu estado de imersão em um mar de percepções e "lembranças " inutilizáveis [semelhantes aos elementos-beta de Bion) tendo um sonho genuíno que serve para separar a experiência consciente da inconsciente, assim tornando possível despertar (ou seja, ser capaz de sentir a diferença entre sono e vigília, entre sonhar e alucinar).

Em seu esforço para dormir, Funes imaginava novas casas em direção ao sul que ele nunca havia visto: "Ele as imaginava negras, compactas, feitas de treva homogênea; nessa direção virava o rosto para dormir" (p. 66).

Para ser capaz de dormir – de sonhar um sonho que gera pensamentos oníricos inconscientes – Funes teria que ter uma capacidade da qual ele carecia – a capacidade de imaginar as casas negras feitas de treva homogênea e saber que ele estava imaginando (e, ao despertar, saber que estivera dormindo e sonhando). Para Funes, que não podia esquecer, a única forma de imaginar que ele poderia ter certeza de que poderia diferenciar da lembrança era imaginar o que ele nunca tinha visto. O que ele "imaginava" era "treva homogênea", o mais sereno de todos os estados para Funes porque ele oferecia um alívio de um mundo externo insensatamente pululante e abarrotado de detalhes percebidos e lembrados. "Imaginar" desta forma era o mais perto que Funes podia chegar do sonho genuíno: era um estado de espírito em que era possível a Funes começar a diferenciar o interno do externo, o inventado do real, o consciente do inconsciente. Este estado psicológico guardava para ele a possibilidade de ele ser capaz de adormecer e acordar. Para complicar ainda mais as coisas, despertar não teria sido uma vitória a ser celebrada sem ambivalência por Funes, pois o mundo para o qual ele despertaria seria um mundo assustador de pessoas plenamente humanas cuja presença ele mal poderia suportar. (Borges, o autor, também era um homem que, por longos períodos de tempo, sofreu de insônia e quase não tolerava o convívio com outras pessoas.)

Para dormir, Funes tinha que "imaginar-se no fundo do rio, embalado e anulado pela corrente" (p. 66). A implacabilidade de imagens recordadas (*o* rio, não um rio imaginado) está, nesta frase, dando lugar primeiramente a sons-sensação rítmicos desprovidos de imagem ("rio, embalado") e por fim à anulação da mente infalivelmente perceptiva e infinitamente memoriosa chamada Funes. Existe uma sinistra sugestão aqui de que morrer (aniquilar-se psíquica ou fisicamente) poderia ser a única forma de "sono" que Funes poderia ter.

A história termina de maneira simples e serena: "Ireneo Funes morreu em 1889, de uma congestão pulmonar"(p. 66).

A morte de Funes por congestão pulmonar tem uma incrível semelhança com o paciente na alegoria de Bion (1962a):

> O paciente adormecido está em pânico; por não poder ter um pesadelo ele não é capaz de despertar ou adormecer; ele tem tido indigestão mental desde então.
>
> (p. 8)

O oposto de um sonho bom não é um pesadelo, mas um sonho que não pode ser sonhado: o que poderia ter-se tornado um sonho permanece indefinidamente suspenso em uma terra de ninguém onde não existe nem imaginação nem realidade, nem esquecimento nem lembrança, nem dormir nem acordar.

III A experiência analítica

O terceiro ângulo do qual irei abordar a questão do que significa ser incapaz de sonhar é uma experiência com uma paciente que ocorreu no terceiro ano de análise.

Em meu primeiro encontro com a Srta. C para nossa sessão, ao abrir a porta para a sala de espera, surpreendi-me por encontrá-la a apenas 30 centímetros ou algo assim à minha frente. O efeito foi desconcertante: meu rosto pareceu muito próximo do dela, e por reflexo desviei o olhar.

Depois que a Srta. C deitou-se no divã, comecei dizendo-lhe que algo incomum havia acontecido na sala de espera. Ela provavelmente havia notado que eu tinha ficado surpreso ao encontrá-la mais perto de mim do que o de costume quando abro a porta para a sala de espera. A Srta. C não respondeu à minha pergunta implícita sobre ela ter notado minha surpresa. Em vez disso, ela meio mecanicamente expressou o que me pareceu uma série de ideias analíticas preembaladas: "Talvez eu estivesse sexualizando ou pervertendo a situação. Talvez eu estivesse raivosamente tentando estar 'na tua cara'". Parecia que essas ideias eram, para a Srta. C, plenamente intercambiáveis. Ela prosseguiu desenvolvendo essas "ideias" demoradamente de uma forma que pareceu entorpecente.

Em uma tentativa de dizer algo que me parecesse menos desvinculado dos sentimentos envolvidos no fato como eu o havia sentido, disse à Srta. C que achava que ela poderia ter tido medo de que eu não a veria na sala de espera caso ela não tivesse se posicionado como o fez. (Havíamos conversado anteriormente sobre ela sentir-se insubstancial e comportar-se de um modo que levava as pessoas a verem através dela como se ela estivesse ausente.) Ao fazer a interpretação, eu também tinha em mente a descrição debochada da paciente de seus pais como "pessoas esquizoides" com boas intenções mas "sem noção" de quem ela era e é. Mas mesmo tendo dito essas palavras, minha interpretação pareceu tão vazia quanto as da paciente.

A paciente concordou com o que eu disse e sem demora prosseguiu de uma forma que ambos conhecíamos bem, contando-me a miríade de eventos do seu dia. A Srta. C falava rápido, pulando de um assunto para o outro, cada um deles referente a um aspecto específico da "organização de sua vida" (termo que eu e ela utilizávamos para referir seu pensamento e comportamento operacional). Ela me contou por quanto tempo estivera fazendo *jogging* naquela manhã, quem ela tinha encontrado no elevador de seu edifício no caminho de ida e de volta da corrida, e assim por diante. Anteriormente, eu havia interpretado tanto o conteúdo quanto o processo – na medida em que eu achava que os compreendia – dessas descrições das minúcias aparentemente inesgotáveis da vida dela.

Com o passar do tempo, entendi que minhas interpretações, além de não terem valor para a Srta. C, eram com frequência contraproducentes, pois provocavam nela um fluxo cada vez mais tenso de verbosidade. Além disso, senti que muitas vezes minha necessidade de interpretar era motivada por um desejo de afirmar o fato de que eu estava presente na sala. Às vezes eu também me dava conta retrospectivamente que minhas interpretações haviam sido, em parte, tentativas raivosas de devolver à paciente sua torrente aparentemente infindável de palavras e formulações psicanalíticas, que me pareciam esgotantes e sufocantes.

Na sessão em discussão, depois de falar sobre suas atividades matinais, a Srta. C começou a falar sobre ter dormido agitadamente na noite anterior. Ela disse que tinha se acordado quatro vezes durante a noite, em todas elas levantando-se para tomar um copo d'água e urinar. Como lhe era característico, ela não fez referência a sua resposta emocional a nenhum dos fatos que descreveu. Enquanto ela falava, minha mente devaneou sobre outro paciente, o Sr. N, com quem eu havia trabalhado mais de 15 anos anteriormente.

Aquele paciente mantivera-se dependente de um narcótico de prescrição por vários anos. Lembrei-me de ter conversado com o Sr. N um dia após ele ter sido hospitalizado devido a ferimentos que sofrera em um acidente de barco. Naquela conversa telefônica, o Sr. N contou-me que da parede atrás de seu leito no hospital, uma música de Natal de *shopping center* não parava de tocar o dia inteiro, e que ele estava enlouquecendo com aquilo. Contou-me que havia falado sobre isso diversas vezes com as enfermeiras, mas que elas disseram que não podiam fazer nada para parar a música. Semanas depois, o Sr. N reconheceu que a música irritante tinha sido uma alucinação auditiva resultante da retirada do narcótico do qual ele ficara dependente. Esse devaneio sobre o Sr. N fez eu me sentir extremamente ansioso, mas os motivos para minha inquietação eram incompreensíveis para mim.

Meus pensamentos então passaram para o fato de que na análise da Srta. C houve períodos em que eu me sentira desorientado de um modo, e em uma intensidade que jamais havia experimentado com nenhum outro paciente. Em certas ocasiões, eu perdera a noção do tempo, não sabendo se estávamos bem além ou em torno da metade da sessão. Eu sentia uma terrível ansiedade nestes momentos, quando percebia que eu não tinha como calcular em que ponto estávamos da sessão. Nesses momentos, eu olhava para o mostrador do relógio em meu consultório apenas para constatar que ele parecia olhar de volta para mim sem expressão, não ajudando nem um pouco a aliviar minha confusão e ansiedade. Eu havia experimentado estes estados de espírito como sinais profundamente perturbadores de que eu estava enlouquecendo. Estranhamente, a cada vez, ao recuperar meu senso de orientação, a experiência parecia muito remota e vazia de sentimentos. (O comentário parentético de Borges sobre a resposta de Funes a sua paralisia captura a essência daqueles estado de desinteresse: "O fato pouco o interessou".)

A Srta. C então falou de seus planos de vender o apartamento no qual morava há 12 anos e de sua esperança de comprar uma casa. Ela falou do quanto seria legal ter uma peça separada que ela pudesse usar como gabinete de estudo e sobre sua incomodação com o fato de que o corretor estava encorajando-a a "remodelar" o apartamento (equipá-lo e decorá-lo contratando um decorador de interiores, para aumentar sua atratividade e preço de venda). Qualquer parte desse relato aparentemente oferecia ampla oportunidade para interpretação. Por exemplo, eu poderia ter relacionado a demanda de que o apartamento dela fosse "remodelado" ao sentimento da Srta. C de que a mãe dela e eu não a reconhecíamos e aceitávamos como ela realmente é; ou eu poderia ter vinculado o repetido ciclo de falar em água e esvaziar a bexiga a seu padrão, há muito presente, de parecer aceitar minhas interpretações apenas para evacuá-las logo depois. Contudo, abstive-me de fazer essas e muitas outras interpretações possíveis porque senti que fazer isso significaria unir-me à paciente na utilização de palavras para obscurecer meu sentimento da arbitrariedade de estarmos na mesma sala – uma sala que, naquele momento, não parecia ser um consultório de análise. Fiz um esforço consciente para me orientar ao que eu estava fazendo ali recordando-me dos motivos que inicialmente levaram a paciente a me procurar: ela tinha intensos sentimentos de falta de sentido em praticamente todos os setores de sua vida, principalmente em seus esforços para desenvolver um relacionamento amoroso com um homem. Lembrei-me de que ela havia me contado na primeira sessão que havia tentado diversos antidepressivos sem sucesso. Meus pensamentos mais uma vez voltaram-se para meu ex-paciente, o Sr. N, e suas dificuldades com analgésicos de prescrição.

Ao pensar mais sobre eu ter silenciosamente concordado com o "reconhecimento" do Sr. N de que sua alucinação com a música de Natal era um sintoma neurológico que não tinha significado inconsciente útil, pareceu-me que eu havia inconscientemente conspirado com ele em sua evasão de sentimentos de tristeza. Eu havia pré-eliminado a possibilidade de que a incessante música de shopping center não era apenas um sintoma neurológico, mas uma criação psicologicamente significativa que tinha tido um determinado significado simbólico inconsciente para ele. Ocorreu-me (pela primeira vez) que, de todas as coisas com as quais ele podia ter tido alucinações auditivas, o que ele ouviu foi o som de música de Natal incessante, comercializada insensivelmente. Era o som da pior forma de zombaria, não apenas da música (que o paciente amava profundamente), mas também dos natais anteriores ao divórcio dos pais, que tinham sido as ocasiões familiares mais felizes e mais amorosas que o Sr. N se lembrava.

Minhas recordações da alucinação da música de natal do Sr. N e minhas associações e reações emocionais a ela levaram-me a me conscientizar de que ter um devaneio – qualquer devaneio – que pudesse ser utilizado analiticamente era algo extremamente raro em meu trabalho com a Srta. C. Não que meus pensamentos não tivessem vagueado durante as sessões anteriores com a Srta. C; o que me impressionou neste momento da sessão era o quão pouco trabalho psicanalítico eu tinha sido capaz de realizar com minhas experiências de devaneio. Este reconhecimento trouxe um sentimento de alívio.

A Srta. C começou a sessão seguinte contando-me um sonho[4] que ela tinha tido na noite anterior:

> Estou em uma sessão com você. [A Srta. C apontou para o chão.] É aqui neste consultório de manhã, a essa hora. É esta sessão. Daí parece mudar e estou em outra parte de um grande conjunto de escritórios. Existem muitas salas, não apenas as que realmente existem aqui. Eu olho em volta. Havia coisas em toda parte. Havia pratos de plástico amarelados velhos, latas de tinta vazias – não me lembro do que mais – livros e papéis espalhados pelo chão. Eu fico ansiosa só de pensar. Não saberia dizer para que a sala era usada. Havia telas de pintura encostadas na parede, umas cinco ou seis, uma sobre a outra, mas eu só consegui ver a parte de trás da mais externa. Havia uma gaveta que eu queria muito abrir

para ver o que tinha dentro, mas me acordei antes de conseguir abri-la. Fiquei muito desapontada pelo sonho ter sido interrompido antes que eu pudesse olhar dentro da gaveta.

A Srta. C ficou em silêncio depois de me contar o sonho, o que era significativo, pois qualquer silêncio prolongado era muito inusual para ela. Senti como se ela estivesse me convidando – dando-me mais espaço do que o usual – a pensar e falar (exatamente como havia mais salas no segundo segmento do sonho). Eu disse que a primeira parte do sonho parecia ser uma simples imagem de meu escritório como ele "realmente é". A Srta C disse: "Sim, ele parecia realmente sem graça".

Eu disse a ela que o segundo segmento do sonho parecera-me muito diferente do primeiro: "Ele acontecia em um lugar que não é um lugar real, mas um lugar imaginário – um lugar muito maior com muito mais salas do que realmente existem". (Lembrei-me do desejo da Srta. C de ter uma sala extra na casa que esperava comprar para usar para pensar – um gabinete de estudo.) Eu e ela falamos sobre como a sala inicialmente parecia uma bagunça, abarrotada de coisas, e sobre seu sentimento de ser incapaz de me dizer qual era a função da sala. Comentei sobre o seu sentimento de desapontamento no final do sonho. A Srta. C respondeu dizendo que algo mudou no fim que era difícil de descrever. A Srta. C. falou sobre as telas empilhadas contra a parede revelando apenas a parte traseira da mais externa delas, o que a deixou curiosa para saber o que estava pintado na parte da frente delas. Ela disse: "Foi decepcionante despertar do sonho antes que eu pudesse ser capaz de ver o que havia na gaveta, mas era um desapontamento agradável – se é que isso faz algum sentido. Parece estranho dizer isso, mas me sinto excitada sobre o que eu poderia vir a sonhar hoje à noite". A Srta. C ficou em silêncio por vários minutos, durante os quais eu pensei sobre E, um amigo íntimo de muitos anos que tinha morrido na semana anterior, com mais de 70 anos. Durante a semana que sucedeu sua morte, eu estava continuamente pensando conscientemente nele ou experimentando um sentimento difuso de tristeza e a sensação de que alguém ou alguma coisa estava faltando. Portanto, o fato de que eu estava pensando sobre ele não distinguia este momento na sessão com a Srta. C de minha experiência com cada um de meus outros pacientes naquele dia ou naquela semana. Entretanto, o que era especial àquele momento no trabalho com a Srta. C era o modo particular como eu estava me sentindo em relação a E. Com cada paciente (e dentro de cada sessão com cada paciente), o modo como eu experimentava a perda de E era específico ao que estava acontecendo naquele momento em um nível inconsciente no relacionamento analítico. No período de silêncio após a discussão do sonho da Srta. C, pensei na noite do sábado anterior durante a qual fiquei um pouco junto ao leito de E com sua esposa e seus filhos adultos. Ele estava em coma profundo naquele momento. Lembro-me da sensação de surpresa e alívio que senti ao segurar as mãos de E e ver que elas estavam quentes. O fato de que ele estava em coma já há quase um dia naquele momento levou-me a pensar que seu corpo pareceria frio.

Minhas ideias passaram dessas imagens e sensações sobre E para a surpresa e desconforto que eu senti ao encontrar com a Srta. C na sala de espera no dia anterior. O devaneio que envolvia o calor inesperado na mão de E contribuiu para que eu me conscientizasse da crescente afeição que eu estava sentindo pela Srta. C no decorrer das últimas semanas. Depois de certo tempo eu disse a Srta C que eu achava que eu tinha me equivocado na sessão anterior quando havia dito que achava que ela estava com medo de que eu não a notaria na sala de espera se ela não estivesse de pé bem perto de mim quando eu abrisse a porta. Disse-lhe que agora eu achava que ela apenas queria estar perto de mim e que eu lamentava não ter me permitido saber daquilo naquele momento. A Srta. C chorou. Depois de um pouco ela me agradeceu por ter compreendido algo que ela mesma nem sabia, mas que mesmo assim sentia ser verdade. Ela disse que lhe era raro saber algo dessa forma sem que um milhão de coisas voassem em volta de sua cabeça.

Senti-me intensamente infeliz naquele ponto da sessão, que estava quase no fim. Parecia que a Srta. C, então com 40 anos, havia perdido muitas das alegrias e tristezas de uma vida – assim como eu perdi a oportunidade de experimentar os sentimentos da Srta. C de carinho por mim naquele dia na sala de espera (e perderia a oportunidade de manter a amizade com E). Foi consideravelmente reconfortante pensar que, embora a ela tivesse sempre perdido muitas oportunidades de estar viva, a vida dela não havia acabado. Ela expressara isso de uma maneira muito bonita ao dizer que o desapontamento dela com o fim do sonho não era um sentimento de desalento, e sim um sentimento de empolgação a respeito do que ela poderia sonhar naquela noite.

IV Discussão

O palavreado incessante da Srta C. – aparentemente impenetrável à interpretação – tinha gerado em mim durante os primeiros anos da análise sentimentos de impotência, raiva e medo claustrofóbico (por exemplo, sentimentos de ser sufocado ou de me afogar). Na primeira das duas sessões que apresentei, minha mente divagou para as alucinações com a música de Natal de meu ex-paciente, o Sr. N. Essas recordações levaram-me a pensar nos breves períodos de psicose contratransferencial em meu trabalho com a Srta. C, durante os quais eu havia me perdido em relação ao tempo, sem saber quando tínhamos começado, que horas íamos terminar a sessão ou quanto tempo da sessão ainda restava. O que era mais perturbador em relação a isso era o sentimento de que eu não tinha ao que recorrer em meu esforço para me situar. O mostrador do relógio parecia assustadoramente vazio.

Somente em retrospecto pude reconhecer os momentos de psicose contratransferencial na análise com a Srta. C como uma resposta a ela ter me inundado de palavras (algo que eu experimentara muito como na descrição de Borges do efeito do assalto furioso de "sílabas romanas" de Funes, as quais não funcionavam como elementos significativos da linguagem utilizados para fins de comunicação simbólica). O palavreado contínuo da Srta. C tinha tido o efeito de interromper minha capacidade de fazer uso de minha experiência de devaneio (que é essencial para que eu seja capaz de realizar o trabalho psicológico para "acompanhar a corrente" [Freud, 1923, p. 239] do que está acontecendo em nível inconsciente no relacionamento analítico [ver Ogden, 1997a, 1997b, 2001a para discussões de minha forma de usar a experiência de devaneio no trabalho analítico]). Em certo sentido, na análise com a Srta. C, eu estava sentindo uma privação crônica de devaneio[5], a qual, como na privação de sono, pode precipitar uma psicose. A psicose contratransferencial permitiu-me experimentar diretamente algo semelhante à experiência psicótica do paciente de não ser capaz de sonhar (quer durante o sono, quer inconscientemente durante a vigília).

Senti considerável alívio ao reconhecer o grau em que a paciente e eu tínhamos sido incapazes de sonhar no *setting* analítico – incluindo nossa incapacidade de envolvermo-nos em estados de devaneio que pudessem ser utilizados para fins de comunicação entre nós e conosco mesmos. O sonho que a Srta. C me contou no início da segunda dessas sessões pareceu-me um tríptico no qual o primeiro segmento do sonho era uma descrição simples de como meu consultório "realmente é". Como uma fotografia, ele parecia um registro simples, mecânico, do que era percebido. Vejo esta parte do sonho como um sonho que não é um sonho, e sim uma imagem visual do sono composta de elementos que não podem ser ligados e com as quais nenhum trabalho psicológico inconsciente pode ser feito. Consequentemente, ela não originou associações quer na mente da paciente ou na minha. A Srta. C concordou complacentemente comigo.

A segunda parte do sonho pareceu um sonho genuíno tanto por representar a experiência de não ser capaz de sonhar quanto por realizar o trabalho psicológico inconsciente com aquela experiência.[6] A sala caótica estava repleta de elementos desconexos – pratos de plástico amarelados, latas de tinta vazias, livros e papéis – uma miscelânea de elementos díspares que não resultavam em nada. Contudo, à medida que o sonho prosseguiu, os elementos se transformaram em algo que não era de forma alguma sem significado: as latas de tinta vazias, por exemplo, posteriormente no sonho tornaram-se ligadas à tinta para fazer pinturas, imagens imaginativas feitas pelo homem (ainda não vistas). Mesmo o comentário de "jogar fora" da Srta. C – "não me lembro do que mais [havia na sala]" refletia o fato de que a paciente agora era capaz de esquecer (reprimir). Como Borges (1941a) coloca falando de Funes, "Pensar é [ser capaz de] esquecer diferenças, generalizar, fazer abstrações" (p. 66).

A terceira parte do sonho – centrada em torno da intensa curiosidade da paciente sobre o conteúdo da gaveta fechada – parece envolver um tensão animadora entre o que é visto (isto é, o que está disponível para a atenção consciente) e o que não é visto (isto é, o que está dinamicamente inconsciente). A mente diferenciada, capaz de comunicação interna está repleta de possibilidades que excitam a imaginação como os "passos quase secretos" de Ireneo Funes, e permite a realização de trabalho psicológico consciente e inconsciente. Por exemplo, a Srta. C fez uma discriminação ponderada modificando um aspecto de minha resposta à terceira parte do sonho: ela enfatizou a preponderância do sentimento de possibilidade animadora (em oposição ao desapontamento) na conclusão do sonho e em seus sentimentos ao despertar dele.

Nas semanas que seguiram as duas sessões que apresentei, tornei-me mais capaz de compreender uma coisa que continuava me perturbando em relação a esses encontros. Passei a ver meu afastamento ansioso da Srta. C na sala de espera como uma manifestação de minha incapacidade de sonhar a experiência emocional da Srta. C (o sonho não sonhado dela) que ela havia evacuado em mim. Depois que me tornei capaz de observar a interação analítica sob este vértice, tornou-se possível que eu e a paciente criássemos nas sessões um campo interpessoal-intrapsíquico no qual "sonhar" a transferência-contratransferência e verbalmente simbolizar nossas respostas àquele sonho na forma de interpretações. O resultado do trabalho psicológico que a Srta. C e eu fizemos, dessa forma, incluiu uma compreensão mais completa da relação da paciente com seu pai (objeto interno). A Srta. C falou sobre sua experiência da "perda do pai" durante a adolescência dela. Parecia-lhe que quando ela tinha 12 anos, ele tinha abruptamente, e de forma totalmente inesperada, encerrado para sempre o relacionamento carinhoso que eles dois tinham desfrutado até aquele ponto "como se ele nunca tivesse existido". A Srta. C sabia de uma maneira difusa, mas até então não era capaz de pensar ou articular para si mesma, que tanto ela quanto o pai tinham se assustado com os impulsos amorosos e sexuais que sentiam mutuamente um pelo outro. Ela disse: "O que torna [a ruptura emocional] mais triste é que ela era desnecessária". Estes sentimentos e pensamentos foram usados para promover uma elaboração psicológica com "o incidente da sala de espera": a paciente e eu nos tornamos mais capazes de sonhar (e assim viver) aquela experiência juntos – uma experiência que continuou mudando enquanto continuamos sonhando-a.

NOTAS

1. Como ficará evidente, meu interesse neste capítulo é a incapacidade de sonhar em contraste com a de não ser capaz de lembrar os próprios sonhos. A primeira envolve processos psicóticos, ao passo que a segunda geralmente não.

2. Bion utiliza a palavra "pensamentos" para incluir tanto pensamentos quanto sentimentos.
3. Para Bion (1957), existem sempre partes psicóticas e não psicóticas coexistentes na personalidade. Consequentemente, a incapacidade de um paciente de sonhar (que é um reflexo da parte psicótica da personalidade) está em todas as ocasiões, em algum grau, acompanhada por uma parte não psicótica da personalidade capaz de função-alfa e, consequentemente, capaz de produzir pensamento consciente, pensamento onírico e pensamento inconsciente enquanto o indivíduo está desperto.
4. A Srta. C não foi capaz de recordar um único sonho no primeiro ano e meio de análise. Quando ela começou a relatar sonhos no final do segundo ano de nosso trabalho, suas associações a eles – nas raras ocasiões em que ocorreram – eram muito concretas, geralmente centradas em ideias já conscientes. Minhas próprias associações aos sonhos haviam sido igualmente esparsas e superficiais e as poucas interpretações que eu fiz pareceram forçadas e artificiais. Em outras circunstâncias, o próprio fato de que os sonhos da paciente pareciam mortos teria constituído um importante elemento de significado por si mesmo.
5. Em outras ocasiões de privação de devaneio na sessão analítica, eu senti grande dificuldade em permanecer acordado. No estado semiadormecido que ocorreu nestas circunstâncias, constatei que eu tenho sonhos fugazes que parecem semelhantes àqueles que ocorrem durante o sono. Às vezes, parece que a função desses sonhos é assegurar a mim mesmo de que sou capaz de sonhar. Noutras, estes sonhos fugazes parecem representar um esforço inconsciente para sonhar o sonho que o paciente é incapaz de sonhar naquele ponto. Ainda em outras circunstâncias, meus "sonhos" parecem ser alucinações (muitas vezes auditivas) que são substitutos para o sonhar cujo objetivo é disfarçar o fato de que naquele momento nem eu nem o paciente somos capazes de sonhar.
6. Somente agora, ao redigir este ensaio, estou consciente do efeito da mudança de tempos verbais da paciente ao recontar o sonho, saindo da proximidade do tempo presente ("Estou em", "É aqui") ao contar a primeira parte do sonho e indo para o tempo passado mais distante, mais reflexivo ("Eu olhei", "Havia") ao contar a segunda parte.

5
O que é verdadeiro e de quem foi a ideia?

A prática da psicanálise é, acredito, mais fundamentalmente um esforço por parte do analista e do analisando para dizer algo que pareça verdadeiro à experiência emocional de um determinado momento da sessão analítica e que seja utilizável pela díade analítica para elaboração psicológica.

Neste capítulo eu considero algumas ideias relacionadas à questão do que nós, enquanto psicanalistas, queremos dizer quando dizemos que alguma coisa é verdade e o que o pensamento de uma pessoa tem a ver com o de outra em relação ao que é verdadeiro. Minha intenção é começar a explorar o paradoxo de que as verdades emocionais humanas são tanto universais quanto primorosamente idiossincráticas a cada indivíduo, e são tanto atemporais quanto altamente específicas a um determinado momento da vida. Como ficará evidente, as diversas questões que levanto sobrepõem-se e, consequentemente, muitas vezes eu volto atrás na discussão ao repensar, de outra perspectiva, assuntos abordados anteriormente.

Muitas das ideias neste capítulo são respostas a conceitos discutidos por Bion. Procuro localizar a origem das ideias que apresento, mas para mim é difícil dizer com confiança onde as ideias de Bion terminam e onde as minhas começam. Uma vez que a questão de "de quem foi a ideia?" está no cerne desta contribuição, parece adequado que ela seja encarada na experiência de escrever e ler este capítulo.

A questão de se um diálogo analítico consegue articular algo que seja verdadeiro (ou ao menos "relativamente verdadeiro", Bion, 1982, p. 8) não é um assunto teórico obscuro que deveria ser deixado para os filósofos. Como analistas, estamos em quase todos os momentos da sessão analítica fazendo a nós mesmos essa pergunta e experimentalmente respondendo-a (ou, mais precisamente, reagindo a ela). Apresento uma descrição detalhada de um encontro analítico inicial no qual ilustro algumas de minhas maneiras de abordar a questão do que é emocionalmente verdadeiro em momentos específicos na sessão e a questão de quem é o autor da ideia que é sentida como verdadeira.

I De quem foi a ideia?

Ao perguntar "De quem foi a ideia?", estou investigando o que significa para uma pessoa afirmar, ou ter atribuída a si, a autoria original de uma ideia referente ao que é verdadeiro na experiência emocional humana e como estas ideias exercem influência no pensamento dos outros. Ao ler Freud e Klein, por exemplo, como devemos determinar a quem deve ser atribuída a autoria original do conceito de um mundo objetal interno inconsciente. Em "Luto e melancolia", Freud (1917b) introduziu o que considero os elementos essenciais do que posteriormente Fairbairn (1952) denominaria "teoria das relações objetais" (ver Capítulo 3 para uma discussão das origens da teoria das relações objetais em "Luto e melancolia"). Contudo, muitos dos componentes da teoria de Freud das relações objetais contidas em "Luto e melancolia" são apresentadas apenas de forma rudimentar e, muitas vezes, com toda probabilidade, sem que Freud tivesse consciência das implicações teóricas de suas ideias. Ao considerar a questão de como as ideias de uma pessoa sobre o que é verdadeiro influenciam as de outras, costuma-se adotar uma perspectiva diacrônica (cronológica, sequencial) na qual o pensamento de uma pessoa (por exemplo, Freud) é vista como influente sobre o pensamento de seus contemporâneos e daqueles que o seguem no tempo (por exemplo, Klein, Fairbairn, Guntrip e Bion). A despeito da aparente obviedade dos méritos dessa abordagem, acredito que pode ser proveitoso questionar esta concepção de autoria e influência. Ao lermos "Luto e melancolia", se escutarmos atentamente, creio que podemos ouvir a voz de Melanie Klein na discussão de Freud do "mundo interno" do melancólico. Freud postula que a estrutura do mundo interno inconsciente do melancólico é determinada por uma dupla cisão do ego que leva à criação de um relacionamento objetal interno inconsciente entre a "instância crítica" (que posteriormente será denominada superego) e uma parte do ego identificada com o objeto perdido ou abandonado:

> O transtorno do melancólico oferece... [uma visão] da constituição do ego humano. Vemos como no [melancólico] uma parte do ego vê-se contra a outra, julga-a criticamente e, por assim dizer, a toma como seu objeto... Aqui estamos nos familiarizando com a instância comumente chamada de "consciência"...
>
> (Freud, 1917b, p. 247)

Ao afirmar que o leitor pode ouvir a voz de Klein (seu conceito de objetos internos e relações objetais internas) nesse e em muitos outros trechos de "Luto e melancolia", estou sugerindo que a influência não ocorre exclusivamente em uma direção cronológica "para a frente". Em outras palavras, a influência não é exercida somente por uma contribuição anterior sobre outra, posterior; contribuições posteriores afetam nossa leitura de contribuições anteriores. Precisamos de Klein para compreender Freud, assim como precisamos de Freud para compreender Klein. Toda obra de literatura analítica requer um leitor que ajude o autor a comunicar algo do que é verdadeiro, algo que o autor sabia, mas que não sabia que sabia. Ao fazê-lo, o leitor torna-se um coautor silencioso do texto.

Embora essa forma de influência mútua de contribuições anteriores e posteriores (mediadas pelo leitor) seja, sem dúvida, importante, gostaria de me concentrar por um instante em outro tipo de influência que as ideias exercem umas sobre as outras – muitas vezes abrangendo longos períodos de tempo, tanto para frente quanto para trás, cronologicamente. Retornando outra vez para o exemplo da influência das ideias de Klein sobre as de Freud, e vice-versa, estou sugerindo que as ideias que ela formulou em 1935 e 1940 sobre o tema das relações objetais podiam já estar disponíveis a Freud em 1915 [1] e foram utilizadas por ele (inadvertidamente) ao escrever "Luto e melancolia". Embora ele tenha usado as ideias, ele não podia pensá-las. Dizer isso significa considerar a possibilidade de que as ideias que pensamos como sendo de Klein ou de Freud são criações de ambos e de nenhum dos dois. As ideias que cada um articulou são formulações da estrutura da experiência humana, uma estrutura, um conjunto de verdades, que os psicanalistas e outros tentam descrever, mas certamente não criam.

Bion, acredito, tinha concepções semelhantes sobre a questão da bidirecionalidade temporal da influência das ideias entre si:

> Você pode olhar isso [os gritos inconsoláveis de um bebê nos braços da mãe imediatamente após o nascimento] como quiser, digamos, como vestígios de memória, mas estes vestígios de memória também podem ser considerados como uma sombra que o futuro projeta antes [uma antecipação do futuro no presente em contraste com as memórias do passado]... A cesura [do nascimento] que nos faria acreditar; o futuro que nos faria acreditar; ou o passado que nos faria acreditar – depende da direção em que você está viajando, e o que você vê.
>
> (Bion, 1976, p. 237)

O futuro, para Bion, é tanto parte do presente quanto o é o passado. A sombra do futuro é projetada para frente a partir do presente e é projetada para trás, do futuro sobre o presente – "depende da direção em que você está viajando" (Bion, 1976, p. 237). (Muitas questões sobre o relacionamento de um autor com "suas" ideias, e dos relacionamentos entre ideias do passado, presente e futuro, terão que ser deixadas em suspenso por enquanto, aguardando uma discussão do que nós, enquanto psicanalistas, queremos dizer quando dizemos que algo é verdadeiro.)

II O que é verdadeiro?

A discussão precedente da bidirecionalidade temporal da influência (De quem foi a ideia?) é inseparável da questão: "O que é verdadeiro?" Tomarei como premissa para minha discussão dessa questão a ideia de que existe algo verdadeiro na experiência emocional humana que um analista pode sentir e comunicar com precisão ao paciente em palavras que o paciente possa ser capaz de utilizar. Ao assumirmos que existe algo potencialmente verdadeiro (ou falso) sobre as formulações psicanalíticas e interpretações verbais da experiência emocional humana, depreende-se que a experiência emocional encerra uma realidade, uma verdade,[2] que é independente das formulações ou interpretações que o paciente ou o analista possa impor a ela (Bion, 1970).

A ideia de que a verdade é independente do investigador está no cerne do método científico e é dada como garantida nas ciências naturais. Na biologia molecular, por exemplo, parece óbvio que Watson e Crick não criaram a estrutura helicoidal dupla do DNA. Aquela estrutura preexistia a sua formulação: O DNA tem uma estrutura em hélice dupla independentemente do fato de eles ou qualquer outro investigador científico discerni-la (e fornecer evidências para a formulação).

A hélice dupla é uma estrutura que pode ser "vista" – embora através de objetos inanimados (aparelhos) que nos oferecem a ilusão de que o olho humano é capaz de ver a estrutura propriamente dita. Na psicanálise, não temos aparelhos para ver (mesmo de maneira ilusória) as estruturas psicológicas; temos acesso às "estruturas" psicológicas na medida em que elas são experienciadas por meio dos sonhos, pensamentos, sentimentos e comportamentos inconscientes, pré-conscientes e conscientes. Damos forma a essas estruturas nas metáforas que criamos (por exemplo, a metáfora arqueológica do modelo topográfico de Freud ou a metáfora que constitui o modelo estrutural de Freud que envolve um comitê imaginário composto pelo id, ego e superego que tenta lidar com a realidade externa e interna). E, ainda assim, existe algo real (não metafórico) segundo o qual as formulações psicanalíticas – seja no domínio da metapsicologia, da teoria clínica ou das interpretações oferecidas ao paciente – são medidas, e este "algo" é nosso senso (nossa "intuição" [Bion, 1992, p. 315]) do que é verdadeiro em uma dada experiência. No fim, é a resposta emocional – o que parece ser verdadeiro – que tem a palavra final na psicanálise: o pensamento enquadra as questões a serem respondidas em termos de sentimentos.

Contudo, os sentimentos do analista sobre o que é verdadeiro são meras especulações até que sejam colocados em relação a algo externo à realidade psíquica do analista. A resposta do paciente à uma interpretação – e, por sua vez, a resposta do analista à resposta do paciente – desempenha um papel crítico na confirmação ou refutação do senso do analista do que é verdade. Esta metodologia representa um esforço para basear a verdade psicanalítica em um mundo fora da mente do analista. É preciso ao menos duas pessoas para pensar (Bion, 1963). O "pensar" de uma pessoa sozinha pode ser interminavelmente solipsista ou até alucinatório, e seria impossível que um pensador solitário determinasse se este é o caso ou não.

Entretanto, a despeito dos esforços do analista para embasar o que ele sente ser verdadeiro em um discurso com os outros, os seres humanos são altamente propensos a tratar suas crenças como se fossem verdades. Então, quem tem a última palavra sobre o que é verdadeiro? Como as diversas "escolas" de psicanálise devem ser diferenciadas de cultos, cada um dos quais com a certeza de saber o que é verdadeiro? Eu não vou tentar responder diretamente essas perguntas sobre como desenvolvemos algum grau de confiança em relação à questão do que é verdadeiro. Em vez disso, vou responder indiretamente oferecendo algumas ideias sobre o que eu acho que nós, como analistas, queremos dizer quando dizemos que algo é verdadeiro (ou tem alguma verdade). Se tivermos uma ideia sobre o que queremos dizer quando dizemos que algo é verdadeiro, podemos entender um pouco como fazemos para diferenciar o que é verdade do que não é.

Como ponto de partida para pensar sobre o que queremos dizer quando dizemos que uma ideia é verdadeira, vamos retornar à ideia de que existem coisas verdadeiras sobre o universo (incluindo a vida emocional dos seres humanos) que preexistem e são independentes do pensamento de qualquer pensador individual. Em outras palavras, os pensadores não criam a verdade, eles a descrevem. Dessa perspectiva, os pensadores não são inventores; eles são observadores participantes e escribas.

Um comentário feito por Borges em uma introdução a uma coletânea de poemas me ocorre a esse respeito:

> Nas páginas a seguir existe um verso ou outro bem-sucedido, o leitor que me perdoe pela audácia de tê-lo escrito antes dele. Somos todos uma coisa só; nossas mentes inconsequentes são muito parecidas, e as circunstâncias nos influenciam de tal forma que é um pouco acidental que você seja o leitor e eu o escritor – o escritor ardente, inseguro – de meus versos [os quais ocasionalmente capturam algo verdadeiro à experiência humana].
>
> (Borges, 1923, p. 269)

Borges e Bion estão de acordo; a verdade não é inventada por ninguém. Para Bion (1970), somente uma mentira exige um pensador para criá-la. O que é verdade já existe (por exemplo, a estrutura helicoidal dupla do DNA) e não requer um pensador para criá-lo. Na terminologia de Bion, a psicanálise antes de Freud era "um pensamento sem um pensador" (Bion, 1970, p. 104), ou seja, um conjunto de ideias que são verdadeiras, "esperando" um pensador para pensá-las. As concepções psicanalíticas do que é verdadeiro à experiência emocional humana não foram inventadas por Freud na mesma medida em que o sistema solar heliocêntrico não foi inventado por Copérnico.

Não obstante, de um ponto de vista diferente, pensar pensamentos que sejam expressivos do que é verdadeiro altera a própria coisa que está sendo pensada. Heisenberg trouxe isso a nossa atenção no domínio da física quântica. É igualmente verdadeiro na psicanálise e nas artes que ao interpretar ou esculpir ou fazer música, não estamos apenas desvelando o que sempre esteve presente em forma latente; no próprio ato de dar uma forma humanamente sensata ao que corresponde verdadeiramente à experiência emocional, estamos alterando esta verdade.

As formas na natureza não têm nomes; elas sequer têm formas até que lhes atribuamos categorias visuais de formas que somos capazes de imaginar. As entidades na natureza são simplesmente o que são antes de atribuirmos a elas um lugar em nosso sistema de símbolos. Assim, a despeito (ou além) do que foi dito anteriormente sobre a independência da estrutura helicoidal dupla do DNA daqueles que a formularam, Watson e Crick realmente alteraram a estrutura do DNA – eles nomearam sua estrutura e, nesse sentido, deram-lhe forma. A veracidade do nome da forma foi confirmada por sua capacidade de dar uma organização humanamente lógica e humanamente compreensível ao que antes carecia de coerência. Entretanto, o fato de criar coerência não é uma base suficiente para estabelecer a veracidade de uma ideia. Os sistemas religiosos criam coerência. A verdade de uma ideia, tanto nas ciências naturais quanto na psicanálise, repousa nas evidências aplicadas a uma ideia. As evidências consistem de um conjunto de observações (incluindo respostas emocionais de observadores participantes como os psicanalistas que trabalham no *setting* analítico) do modo como as coisas funcionam (ou não funcionam) quando se aplica a ideia/hipótese à experiência real vivida ou observada.

Em suma, precisamos do que Bion (1962a) refere-se como "visão binocular" (p. 86) – percepção simultânea de múltiplos pontos de vista – para articular o que queremos dizer por verdade em termos psicanalíticos. O que é verdade é uma descoberta em contraste com uma criação; contudo, ao fazer esta descoberta, alteramos o que descobrimos e, nesse sentido criamos algo novo. Nada menos do que a concepção analítica da ação terapêutica da interpretação do inconsciente depende de tal visão da verdade e das transformações efetuadas ao nomeá-la. O analista, ao fazer uma interpretação (que encerra alguma verdade e é utilizável pelo paciente) dá "forma" verbal à experiência que antes era não verbal e inconsciente. Ao fazer isso, o analista cria o potencial para uma nova experiência do que é verdadeiro que se deriva da experiência inconsciente inarticulada do paciente.

III Dizer algo que acreditamos ser verdade

Vamos fazer uma pausa por um momento para fazer uma avaliação do que foi dito até aqui. Afora as questões de narcisismo de um autor, não importa quem articula algo que é verdadeiro – o que importa é que um pensamento que é verdadeiro "encontrou" um pensador que o tornou disponível para que um paciente ou colega o utilizasse. Tampouco é importante, nem sequer faz sentido, perguntar: "De quem foi a ideia?" O que realmente importa na psicanálise – e isso importa muito – é encontrar as palavras para dizer que algo tem uma qualidade que corresponde verdadeiramente à experiência vivida (seja uma interpretação oferecida a um paciente ou uma contribuição feita por um analista à literatura psicanalítica).

Neste esforço para dizer algo que seja verdadeiro, o analista deve superar Freud e toda a história das ideias psicanalíticas, assim como a história da análise do paciente com quem ele está trabalhando. Em um aparte ligeiramente caprichoso feito durante uma consulta, Bion falou do papel da preconcepção em seu trabalho clínico: "Eu [me basearia na teoria somente]... se estivesse cansado e não tivesse ideia do que estava acontecendo" (1978, p. 52). Para Bion (1975), toda sessão é o início da uma análise com um novo paciente. Ele gostava de dizer que o paciente pode ter tido uma esposa e dois filhos ontem, mas hoje ele é solteiro.

O analista também deve superar a si mesmo em suas comunicações escritas das ideias que ele sente encerrarem alguma verdade. Quando a escrita analítica é boa, o autor deve ser capaz de evitar atrapalhar o leitor por marcar demais uma presença pessoal na escrita. Contribui para uma experiência muito insatisfatória para o leitor de psicanálise quando um tópico real do texto que ele está lendo é o próprio autor e não o que o autor está dizendo ou o que está sendo criado pelo leitor no ato de ler.

Borges disse que nenhum escritor se equiparava a Shakespeare em sua capacidade de manter-se transparente em seus poemas e peças. Em suas obras, não há ninguém entre a arte e o público. Borges escreveu uma parábola sobre Shakespeare (o Shakespeare de Borges):

> Não havia ninguém nele; por trás de seu rosto... e em suas palavras, que eram copiosas, fantásticas e tempestuosas, havia apenas um pouco de frieza, um sonho sonhado por ninguém... Diz a história que antes ou depois de morrer, ele [Shakespeare] viu-se na presença de Deus e Lhe disse: "Eu que fui inutilmente tantos homens quero ser um e eu mesmo". De um redemoinho à voz do Senhor respondeu: "Tampouco sou eu alguém; eu sonhei o mundo como você sonhou seu trabalho, meu Shakespeare, e entre as formas em meu sonho está você, que como eu é muitos e ninguém".

(1949, p. 248-249)

Essa descrição de Shakespeare como "uma pessoa sem ninguém nele" é um retrato angustiante da vida humana; mesmo assim, acredito que esta representação do relacionamento de Shakespeare com sua escrita oferece ao psicanalista algo a emular no sentido de estar disposto a tornar-se todas as pessoas (transferencialmente) e ninguém (uma pessoa que se contente em não ser percebida, nem receber atenção) na vida do paciente. A representação de Shakespeare por Borges capta algo da tarefa enfrentada por um analista de não se interpor – sua perspicácia, sua agilidade mental, sua capacidade de empatia, sua escolha infalível de *le mot juste** – entre o paciente (ou leitor) e a interpretação.

Ao tentar não atrapalhar os pacientes (ou leitores) em seus esforços para discernir algo verdadeiro, o analista procura tanto estar presente quanto ser transparente em sua forma de usar a linguagem e as ideias. Uma das coisas que Borges mais deplorava na literatura era a "cor local" (1941b, p. 42), e que Bion mais deplorava nas interpretações analíticas era a afirmação explícita ou implícita do analista de que a interpretação refletia as qualidades ímpares do "*seu* conhecimento, de *sua* experiência, de *seu* caráter" (Bion, 1970, p. 105) – sua própria "cor local".

O crítico literário Michael Wood, falando do lugar do escritor em sua escrita, observa: "Escrever não é estar ausente mas tornar-se ausente; ser alguém e depois ir embora, deixando vestígios" (1994, p. 18). Como melhor descrever o que nós, como psicanalistas, buscamos ao fazer interpretações? Nós oferecemos interpretações não com o intuito de mudar o paciente (o que seria tentar criar o paciente a nossa própria imagem), mas para oferecer a ele algo que encerre alguma verdade, que o paciente ache útil para realizar uma elaboração psicológica consciente, pré-consciente e inconsciente. Acompanhando qualquer crescimento psicológico realizado desta forma, não encontramos a assinatura do analista (isto é, sua presença), nem sua ausência (que marca sua presença por sua ausência), mas vestígios dele como alguém que estava presente e tornou-se ausente, deixando vestígios. Os vestígios mais importantes que o analista deixa não são as identificações do paciente com ele enquanto pessoa, mas vestígios da experiência de fazer uso psicológico do que o analista disse, fez e foi.

IV O que é verdadeiro e para quem?

O que é verdadeiro à estrutura relativamente estável da natureza humana em geral, e a uma personalidade individual em particular, não é restringido pelo tempo, espaço ou cultura – mesmo levando-se em conta a influência de uma ampla gama de sistemas de valor, formas de autoconsciência, crenças e costumes religiosos, tipos de laços e papéis familiares, e assim por diante. Por exemplo, não existem limites políticos ou culturais que separem os seres humanos na experiência de sofrimento que se sente após a morte de um filho, do medo de mutilação corporal, a angústia de reconhecer que nossos pais e

---

*N. de T. A palavra certa.

ancestrais não têm poder de proteger a si ou seus filhos dos perigos da vida e da inevitabilidade da morte. Uma cultura pode oferecer formas de defesa contra (ou modos de evasão da) a dor da perda; ou pode oferecer tradições, mitos e cerimônias que facilitem o pesar; ou pode criar rituais que ajudem (ou interfiram nos) esforços de afrouxar nosso apego a desejos infantis. Sejam quais forem as influências culturais em uma dada ocasião, nossas respostas às tarefas humanas básicas de crescer, envelhecer e morrer ocorrem em ciclos de amor e perda; de sonhar-nos existindo e confrontarmos à plena força as restrições da realidade externa; das façanhas de ousadia e da busca de segurança; dos desejos de identificarmo-nos com aqueles que admiramos e a necessidade de salvaguardar (a partir de nossos próprios desejos de se identificar) a evolução imperturbada de nosso *self*; e assim por diante.

Essas tarefas humanas e os ciclos nos quais elas ocorrem contribuem para um conjunto de experiências que acredito se aplicam a toda a humanidade. Paradoxalmente, parece que o que é verdadeiro é atemporal, sem lugar e maior do que qualquer indivíduo e, contudo, vivo apenas por um instante e específico a um conjunto de circunstâncias que constituem aquele momento da experiência vivida por uma pessoa. Em outras palavras, em uma análise, o que é universalmente verdadeiro é também intensamente pessoal e peculiar a cada paciente e a cada analista. Uma interpretação analítica, a fim de ser utilizável pelo paciente, deve falar em termos que só poderiam se aplicar àquele paciente naquele momento e ao mesmo tempo manterem-se verdadeiros à natureza humana em geral.

A esse propósito recordo-me de outro comentário de Borges:

> embora existam centenas e, sem dúvida, milhares de metáforas a serem descobertas, elas podem ser reduzidas a alguns padrões simples. Mas isso não precisa nos perturbar, pois cada metáfora é diferente: toda vez que o padrão é utilizado, as variações são diferentes.
>
> (1967, p. 40)

A própria observação de Borges é uma metáfora que sugere que existe apenas um punhado de qualidades que nos tornam humanos e que toda pessoa que já viveu ou que vai viver é um ser absolutamente único constituído de variações de um número muito pequeno de qualidades humanas. E nesse sentido somos todos um só.

V O que é verdadeiro e de quem é a ideia em uma sessão analítica?

O que foi dito até aqui sobre o que nós, analistas, queremos dizer quando dizemos que alguma coisa é verdadeira continua sendo pura abstração até que se baseie na experiência vivida do trabalho analítico. Como analista, não estou empenhado em dizer uma Verdade Absoluta ao paciente; considero-me afortunado se muito de vez em quando eu e o paciente chegamos em algo que esteja "muito perto/Da música do que acontece" (Heaney, 1979, p. 173). As verdades relativas às quais se chega na poesia (e na psicanálise) representam "um esclarecimento da vida – não necessariamente um grande esclarecimento, tais como aqueles nos quais se baseiam as seitas e os cultos, mas um esteio momentâneo contra a confusão" (Frost, 1939, p. 777). Na seguinte descrição de uma peça de trabalho analítico, eu e o paciente nos esforçamos para fazer uso psicológico desses esteios momentâneos.

O Sr. V me telefonou pedindo uma consulta referente a seu desejo de começar a fazer análise comigo. Marcamos uma hora para nos encontrarmos e eu lhe dei instruções detalhadas sobre como chegar à sala de espera de meu consultório, que fica no andar térreo de minha residência. Pouco antes do horário que havíamos marcado para nos encontrar, ouvi uma pessoa (que presumi ser o Sr. V) abrir a porta lateral de minha casa. Existe uma pequena passagem entre aquela porta e uma porta interna envidraçada que dá acesso à sala de espera. Esperei ouvir a porta da sala de espera se abrir, mas em vez disso ouvi a pessoa andar de volta para a porta externa, o que foi seguido de um período de silêncio que durou uns dois minutos. Ele – os passos pareciam ser os de um homem – repetiu esse ato de caminhar até a porta da sala de espera e depois retornar à porta para fora onde permaneceu por mais uns minutos.

Os movimentos deste homem me distraíram e perturbaram, mas também me intrigaram. A Srta. M, a paciente que estava comigo em meu consultório, comentou que alguém, provavelmente um novo paciente, parecia estar andando no corredor. Logo depois que a Srta. M deixou meu consultório por uma porta que dá para a mesma passagem na qual o homem estivera caminhando, ouvi o som de passos arrastados e a voz de um homem murmurando palavras de desculpa. Eu rapidamente fui ver o que estava acontecendo e pela primeira vez encontrei o Sr. V, um homem alto e corpulento de quarenta e poucos anos. Eu disse: "Sr. V, sou o Dr. Ogden", e apontando em direção à porta envidraçada, "Por favor, sente-se na sala de espera". Observei uma expressão acanhada, mas ligeiramente confusa no rosto dele, enquanto eu falava.

Então, cerca de cinco minutos depois, quando chegou a hora da sessão do Sr. V, fui até a sala de espera e mostrei-lhe minha sala de consulta. Depois de sentar em sua cadeira e eu na minha, o Sr. V começou me dizendo que vinha pensando em fazer análise há algum tempo, mas que "uma coisa ou outra" o fez demorar. Depois começou a me dizer como tinha sido encaminhado a mim. Eu interrompi dizendo que muita coisa já havia acontecido na sessão e que seria importante que nós conversássemos sobre isso antes que eu e ele pudéssemos conversar significativamente sobre qualquer outra coisa.

Ele olhou para mim com a mesma expressão confusa que eu havia observado no corredor de entrada. Prossegui dizendo ao Sr. V que, de todas as formas que ele teria para se apresentar a mim, aquela à qual ele chegou tomou a forma do que tinha ocorrido no corredor de entrada. Assim, pareceu-me que seria uma pena não levar a sério o que ele estivera tentando me dizer sobre si mesmo naquela apresentação.

Houve uma breve pausa depois que eu parei de falar durante a qual tive uma lembrança fugaz (na forma de uma sequência emocionalmente intensa de imagens imóveis) de um incidente ocorrido em minha infância. Eu e um amigo, R, estávamos brincando em um lago congelado imaginando que éramos exploradores do Ártico – tínhamos ambos 8 anos de idade naquela época. Nós dois nos aproximamos demais de uma área que não sabíamos que não estava solidamente congelada. R caiu através do gelo e eu me vi olhando para ele debatendo-se na água gelada. Percebi que se me agachasse apoiando-me sobre as mãos e joelhos para tentar puxá-lo, o gelo provavelmente também cederia debaixo de mim e ambos ficaríamos mergulhados sem condições de sair. Corri para uma pequena ilha no meio do lago para pegar um galho comprido que vi ali. Quando eu voltei para R, ele se agarrou em uma das pontas do galho e eu pude retirá-lo da água.

No devaneio, eu nos imaginei (de um modo que pareceu como se eu olhasse atentamente uma fotografia) de pé lá, silenciosamente sobre o gelo, e R dormente dentro de suas roupas geladas. Enquanto isso aconteceu, senti um misto de medo, culpa e vergonha por ele ter afundado no gelo. O lago ficava muito mais próximo de minha casa do que da casa dele, e pensei que deveria ter reconhecido os sinais de gelo fino e evitado que ele caísse. A vergonha estava em parte ligada ao fato de que eu havia corrido para longe dele (o fato de que eu estava correndo para pegar um galho para tentar puxá-lo não diminuía a vergonha). Mas pela primeira vez ocorreu-me ao recordar este fato que ambos sentíramos vergonha por ele ter ficado pingando como se ele tivesse urinado nas calças.

Fazia muitos anos, talvez uma década, que eu não pensava naquele incidente. Enquanto recordava esses fatos na sessão com o Sr. V, senti tristeza em reação à imagem de R e eu nos tornando tão separados e sozinhos com o medo e a vergonha que suponho que ele sentiu, e que sei que senti, depois do acidente. Essa não foi uma aventura de Tom Sawyer-Huck Finn. R (imagino) e eu sentimos nossa vergonha e nosso medo separadamente: nos sentimos burros por termos caminhado sobre a parte de gelo fino do lago e covardes por termos tido tanto medo. Eu e ele nunca falamos um com o outro sobre o acontecido depois, e nunca falei sobre isso com ninguém exceto minha mãe.

Esses pensamentos e sentimentos fugazes ocuparam somente um átimo de tempo, mas foram uma presença emocional enquanto prossegui para dizer ao Sr. V que pelo som dos passos no corredor, eu suspeitara que ele sentia-se tumultuado com a proximidade de nosso primeiro encontro. (Enquanto eu as dizia, essas palavras – particularmente "tumultuado" e "proximidade" – pareceram-me rigidamente "terapêuticas" e sem vida.)

O Sr. V respondeu dizendo-me que, quando falamos no telefone, ele havia anotado as instruções que eu lhe dera sobre como chegar à sala de espera vindo do lado de fora da casa, mas ao chegar ele se deu conta de que havia esquecido o pedaço de papel no qual tinha feito as anotações. Quando estava no corredor entre a porta para fora e a porta para a sala de espera, ficou na dúvida se a porta com os vidros era a porta da sala de espera. Ele lembrou-se vagamente de eu ter mencionado uma porta envidraçada, mas havia outra porta (a porta de saída de meu consultório), e então, sem saber o que fazer, ele voltou para a porta que dá para fora. (A porta para fora tem uma abertura em seu terço superior que é dividida por eixos de madeira verticais com largos espaços entre si.) O Sr. V disse que enquanto ficou do lado de dentro do corredor olhando através das "barras" da porta, a luz do dia pareceu ofuscante. Ele sentiu como se estivesse em uma prisão na qual, por um longo período de tempo, seus olhos tivessem se tornado tão acostumados ao escuro que ele não suportava a luz do dia. Daí ele virou e voltou para a porta envidraçada e ficou de pé em frente a ela sem ter certeza se deveria entrar ou não. Depois ele retornou para a porta externa e por um momento ficou observando, do que lhe pareceu uma grande distância, as pessoas do lado de fora que levavam suas vidas de uma forma que ele nem imaginava.

Eu disse ao Sr. V que pensei que ele não tinha outra forma, a não ser através de suas ações no corredor, de comunicar a mim como ele se sentia ao vir se encontrar comigo. Eu disse que sem palavras ele havia me dito o quanto se sentia sozinho na terra de ninguém do corredor. Ele se sentiu impedido tanto de vir me conhecer quanto de sair e viver como ele imaginava que as pessoas de fora eram capazes de fazer. O paciente respondeu com uma voz nitidamente monocórdica: "Sim, eu me sinto como um visitante em toda parte, mesmo com a família. Eu não sei como fazer e dizer o que parece acontecer tão naturalmente com as outras pessoas. Eu sou capaz de manter este fato em segredo no trabalho porque sou muito bom no que eu faço [havia uma certa altivez em sua voz ao dizer isso]. As pessoas têm medo de mim no trabalho. Acho que é porque sou rude. Eu não sei conversar".

Na primeira parte da hora o paciente tendia a fazer generalizações sobre a experiência fora da sessão, enquanto eu periodicamente redirecionava sua atenção ao que havia acontecido e o que estava no processo de acontecer na sessão. Mais ou menos na metade da sessão, o Sr. V pareceu interessar-se em, e sentir menos receio de, falar sobre o que havia acontecido no início da sessão. Ele disse que primeiramente sentiu-se sobressaltado, primeiro com a mulher e depois comigo, quando eu e ela saímos do consultório para o corredor. "Eu me senti como se tivesse sido pego fazendo algo errado. Não...não é isso. Eu me senti pego por ser esquisito e não fazer a mínima ideia sobre algo que todo mudo sabe".

Depois de uma breve pausa, o Sr. V prosseguiu dizendo com pouco sentimento em sua voz: "Aprendi a usar minha indiferença às outras pessoas para meu proveito nos negócios porque sou capaz de ver as coisas de um ponto de vista externo. Ser distante me permite ser cruel porque eu digo e faço coisas às pessoas que os outros não fazem no trabalho. Elas ou não pensam fazê-lo ou não querem... não tenho certeza de qual. Em um impasse, eu nunca sou o primeiro a recuar". Eu disse ao paciente em uma série de pequenos comentários que eu achava que ele estava me dizendo que estava com medo de que sua extraordinária capacidade de indiferença e crueldade o impediriam de estar presente em sua própria análise; além disso, eu disse que achava que ele estava sugerindo que era muito provável que eu ficaria assustado e me sentiria repelido por ele a ponto de não querer nada com ele.

Seguiu-se outro silêncio de vários minutos de duração que pareceram um longo tempo para uma etapa tão precoce do trabalho. Mas não parecia um silêncio ansioso, e, assim, deixei-o continuar. Durante este silêncio, minha mente "retornou" ao devaneio do incidente em minha infância. Dessa vez experimentei a cena de infância de uma maneira bem diferente – tive uma sensação muito mais forte de ver e sentir as coisas de dentro de nós dois (R e eu). Essa experiência de devaneio não era aquela de uma sequência de imagens imóveis, mas de uma experiência vivida que se desdobra. Senti muito mais como era para mim ser um menino de 8 anos naquele lago congelado no inverno. Era um estado de espírito que era um misto de viver em um sonho acordado feito de sensações que se sucediam com tamanha rapidez que não sobra espaço (ou desejo) para pensar. As coisas simplesmente acontecem, umas atrás das outras. Os acontecimentos no lago agora tinham o impacto emocional de um balão que explode – não era só que R havia afundado no gelo; nós dois sentimos na pele o impacto da realidade que aniquilou o aspecto onírico de explorar o lago congelado/Círculo Ártico. No devaneio senti que não tinha escolha, senão tornar-me instantaneamente alguém que podia fazer as coisas que precisavam ser feitas. R estava na água. Eu tinha que me tornar alguém que eu temia não ser capaz de ser, alguém mais adulto do que eu era. Não me senti minimamente heróico na experiência que constituiu este (segundo) devaneio; senti-me um pouco desligado de mim mesmo, mas sobretudo senti-me plenamente consciente de que eu estava sobrecarregado.

Neste ponto, o Sr. V tinha quebrado o silêncio e começado a me contar que tinha feito terapia na época da faculdade. Ele não tinha conseguido fazer amizades e sentia muita saudade de casa. O paciente disse que tinha sido um verdadeiro sacrifício para seus pais pagar sua terapia. Depois de algum tempo, eu disse ao Sr. V que achava que quando ele percebeu no corredor de entrada que havia esquecido de trazer as instruções que havia anotado, ele se sentiu constrangedoramente infantil, e que para ele, comportar-se ou mesmo sentir-se como uma criança, é algo muito vergonhoso. O paciente não disse nada em resposta a meu comentário, mas a tensão em seu corpo diminuiu visivelmente. Ficamos sentados silenciosamente por algum tempo. (Pareceu-me que o Sr. V estava preocupado com o fato de que fazer análise seria um sacrifício para ele – em muitos aspectos.) Então, ele disse: "Ali fora, eu me senti tão perdido". Havia uma suavidade em sua voz ao dizer estas palavras, um tom de voz que eu não tinha ouvido antes, uma suavidade que se mostraria rara no decorrer dos anos seguintes de sua análise. (Eu estava ciente de que o sentimento do paciente de que existia um "ali fora" era também um sentimento de que começava a existir um "aqui dentro" – dentro do espaço analítico, dentro do relacionamento comigo – no qual ele não se sentia tão perdido.)

VI Discussão

O encontro analítico inicial do Sr. V começou a sério cerca de 10 minutos antes de realmente nos encontrarmos pela primeira vez. As comunicações dele era feitas no meio de sons que reverberaram durante o resto do encontro inicial e dali para os corredores labirínticos da análise como um todo.

Em minha primeira interação com o Sr. V no corredor, respondi a suas ansiosas comunicações não verbais identificando-me como o Dr. Ogden, assim nomeando não apenas quem eu era, mas também o que eu era e por que eu estava ali. Com firmeza, mas não com frieza, eu o dirigi à sala de espera. O efeito de minha intervenção foi tanto interromper as comunicações do Sr. V no meio da ação (sobre a qual ele parecia ter pouco ou nenhum controle) e definir o espaço geográfico no qual a análise iria ocorrer.

Em sua maneira de falar comigo depois de estar dentro do consultório, o Sr. V pareceu ignorar – e parecia me convidar a ignorar – os eventos que haviam ocorrido no corredor. Eu logo interrompi a segunda apresentação do Sr. V de si mesmo. Ao dizer a ele que eu via as ações dele no corredor como um modo de me contar sobre seus temores de começar a fazer análise, eu estava comunicando a ele o fato de que o levava a sério em seus esforços inconscientes para ser ouvido. Minha interpretação representava uma continuação de minha apresentação pessoal como psicanalista e de apresentá-lo à psicanálise. Implícita ao que eu estava fazendo e dizendo estava a ideia de que o inconsciente fala com uma qualidade de veracidade que é diferente e quase sempre muito mais rica do que o aspecto consciente de nós é capaz de perceber e comunicar. Eu também estava me apresentando ao paciente como um psicanalista para quem seu comportamento no corredor não representava uma infração das "regras analíticas"; ele representava, isto sim, comunicações urgentes intensas de algumas coisas que ele inconscientemente acreditava serem verdadeiras a seu próprio respeito, as quais ele achava importante que eu soubesse desde o início.

A resposta reflexa do Sr. V ao que eu disse foi dar-me o sorriso acanhado e confuso que eu tinha visto no corredor. Ele parecia estar me mostrando em sua expressão facial uma mistura que parecia ser entrega abjeta e desafio arrogante, uma mistura que com o tempo eu aprenderia ser característica do paciente em resposta a alguns tipos de ansiedade narcisista. Um breve silêncio se seguiu no qual recordei-me de uma série de imagens imóveis, minha experiência de infância com R quando ele afundou no gelo. Sentimentos de medo, vergonha, isolamento e culpa foram particularmente vívidos naquele devaneio. Um componente de vergonha nesta experiência de devaneio parecia novo e muito real para mim: a ideia/sentimento de que as calças de R estavam molhadas porque, com o medo, ele as havia encharcado de urina.[3] Igualmente imediatas, para mim, tanto quanto minha imagem de R (com quem eu me identifiquei totalmente) em suas roupas vergonhosamente ensopadas foram os sentimentos de tristeza referentes ao isolamento um do outro que eu e R tínhamos sentido.

O campo emocional da sessão foi mudado de uma forma que eu só comecei a entender quando vivi a experiência desse devaneio no contexto do que estava acontecendo no nível inconsciente entre o paciente e eu. Depois de meu devaneio, o Sr. V fez uma descrição detalhada, ainda que afetivamente silenciosa, de sua experiência no corredor. Ele contou ter esquecido o pedaço de papel no qual havia anotado as instruções que eu tinha dado; ele prosseguiu para descrever sua incapacidade de entrar na sala de espera ou de sair do corredor (que lhe pareceu uma prisão) e entrar no mundo ofuscantemente iluminado lá de fora. Minha resposta à representação do Sr. V de si mesmo no corredor envolveu uma tentativa de recolocar o que ele tinha dito com palavras um pouco diferentes e com um significado expandido. Minha intenção era sublinhar o modo como o paciente sabia, mas não sabia que sabia, sobre um outro nível da experiência que ele recém havia descrito. Meu uso da expressão "terra de ninguém" ao recontar a história que o Sr. V havia contado sugeria que ele não apenas se sentia sozinho como também pouco viril e como um ninguém. Além disso, ao tornar explícito que entrar na sala de espera era, para ele, emocionalmente equivalente a começar a análise, eu também estava sugerindo que entrar na sala de espera apresentava o perigo de ingressar no mundo potencialmente louco do inconsciente. (O medo do paciente do mundo fora de controle do inconsciente já estava vivo em mim na forma da imagem assustadora do devaneio de R afundando-se no gelo.)

Uma mudança importante ocorreu na metade da sessão, quando o Sr. V, por sua própria conta, retornou à experiência no corredor. Ele fez uma distinção emocional delicada, mas essencial, ao dizer: "Eu me senti como se tivesse sido pego fazendo algo errado", e depois se corrigiu: "Não...não é isso. Eu me senti pego por ser esquisito e não fazer a mínima ideia sobre algo que todo mundo sabe". Havia um senso de alívio na voz do Sr. V ao ser capaz de dizer uma coisa que parecia verdadeira (e significativa) para sua experiência emocional. O paciente então rapidamente recuou para o terreno conhecido de dependência da onipotência defensiva ao afirmar que ele podia ser mais cruel nos negócios do que os outros ousavam ser (ou mesmo almejavam ser) e que ele nunca era o primeiro a recuar.

O longo silêncio que ocorreu naquele momento foi um período no qual eu senti que eu e o paciente fomos capazes de realizar muito trabalho psicológico inconsciente que não tinha sido possível até aquele ponto da sessão. Meu devaneio durante aquele silêncio foi aquele em que a lembrança do incidente no lago foi re-trabalhada no contexto do que ocorreu na sessão no intervalo entre o primeiro e o segundo devaneio. Em contraste com o primeiro devaneio que eu experimentei como uma série de imagens fotográficas imóveis, o novo devaneio foi uma experiência de um evento contínuo que parecia muito mais próximo e mais repleto de sentimentos de um menino de 8 anos. Nesse sentido, esta foi uma reconstrução mais compreensiva e mais compassiva do evento. Eu tive menos temor de experimentar os sentimentos que o devaneio envolvia.

No âmago do segundo devaneio havia um sentimento de eu como menino ser convocado (ou de convocar-me) a fazer algo que eu tinha medo de não ser emocional e fisicamente capaz de fazer. Este sentimento de vergonhosa imaturidade era uma nova versão de um sentimento que eu havia experimentado no devaneio anterior na identificação com o R como um menino de 8 anos que estava se comportando como um bebê (que, em fantasia, tinha urinado nas calças).

O estado afetivo emocionalmente mais receptivo gerado no segundo devaneio permitiu-me escutar o Sr. V de maneira diferente. Eu ouvi sua referência ao "sacrifício" financeiro dos pais (ao pagarem sua terapia enquanto ele sentia saudades de casa durante a faculdade) como um comentário sobre como ele estava se sentindo naquele momento na análise. Disse-lhe que eu achava que ele tinha se sentido dolorosa e constrangedoramente infantil quando estava no corredor e que, para ele, comportar-se e mesmo sentir-se como uma criança era algo muito vergonhoso. Ele não respondeu com palavras, mas houve um visível relaxamento em seu corpo. Não apenas minhas palavras, mas também o tom emocional de minha voz refletia minha própria experiência nos devaneios nos quais eu tinha me sentido dolorosamente sobrecarregado e vergonhosamente infantil.

O Sr. V então disse: "Ali fora, eu me senti tão perdido". Essas palavras tinham uma vivacidade que era diferente de tudo que o paciente tinha dito ou feito anteriormente, não somente por causa da suavidade em sua voz ao dizê-las, mas também por causa das palavras em si. Como teria sido diferente se ele tivesse dito, "No corredor, eu me senti perdido" ou "Ali fora, eu me senti muito perdido", em vez de "Ali fora, eu me senti tão perdido". A verdade tem algo inconfundível quando a ouvimos.

Fechando esta discussão clínica, gostaria de abordar brevemente a questão de quem foi que teve as ideias que pareceram verdadeiras na sessão analítica que eu descrevi. Como discuti anteriormente (Ogden, 1994a, 1997b,

2001a), vejo a experiência de devaneio do analista como uma criação de uma intersubjetividade que eu chamo de "terceiro analítico", um terceiro sujeito da análise, que é criado pelo analista e pelo paciente de maneira conjunta porém assimétrica. [4] Não faria sentido para mim ver os devaneios que envolvem minha experiência de infância no lago exclusivamente como reflexos do trabalho do meu inconsciente ou somente como reflexo do trabalho inconsciente do paciente.

Dessa perspectiva, é impossível (e sem sentido) dizer que foi a minha ideia ou a do paciente que foi comunicada na interpretação do sentimento do Sr. V de vergonha infantil e de sobrecarga quando foi "pego" sem ter ideia de como iniciar a análise e de como estar presente e vivo no mundo. O autor deste e dos outros entendimentos (verdades emocionais relativas) que foram falados e não falados durante a sessão inicial não foi o Sr. V nem eu sozinho. Se houve um autor, foi o terceiro sujeito inconsciente da análise que é todos e ninguém – um sujeito que era tanto o Sr. V quanto eu, e nenhum de nós.

NOTAS

1. Embora "Luto e melancolia" tenha sido escrito em 1915, Freud, por motivos que continuam sendo um mistério, preferiu não publicar este artigo antes de 1917.
2. A Verdade absoluta (e incognoscível), referida por Bion (1970) como O, corresponde aproximadamente à "coisa em si" de Kant, às "Formas Ideais" de Platão, e ao "Registro do Real" de Lacan. Bion, às vezes, simplesmente a rotula de "a experiência" (1970, p. 4). No presente artigo, estou quase exclusivamente tratando das verdades relativas humanamente apreensíveis, humanamente significativas sobre a experiência humana (em contraste com a Verdade Absoluta).
3. Meu "novo" pensamento/sentimento (que as calças ensopadas de água de R eram emocionalmente equivalentes às fraldas encharcadas de urina de um bebê) não representavam necessariamente uma exumação de um aspecto reprimido de minha experiência de infância. Em vez disso, entendo a experiência do lago como tendo gerado elementos da experiência (os "elementos-alfa" de Bion [1962]) que eu armazenei e posteriormente "(re)-coletei" no contexto do que estava ocorrendo ao nível inconsciente na sessão. Minha "(re)-coleta" de elementos de minha experiência de infância não era o mesmo que lembrar aquela experiência; na verdade, é impossível dizer se o aspecto novamente re-coletado da experiência da infância tinha realmente feito parte da experiência original – e isso não importa. O que importa é que elementos da experiência (passados e presentes) estavam disponíveis para mim na forma de um devaneio que era verdadeiro à experiência emocional que eu estava tendo com o Sr. V naquele momento.
4. Eu vejo o terceiro analítico inconsciente criado em parceria como estando em tensão dialética com o inconsciente do analisando e do analista como pessoas separadas, cada um com sua história pessoal, organização da personalidade, qualidades de autoconsciência, experiência corporal e assim por diante.

6
Lendo Bion

A escrita de Bion é difícil. Contudo, constatamos consistentemente que se fiar nas "traduções" de Bion para uma prosa mais acessível significa diminuir, se não eliminar totalmente, o impacto da radical reconfiguração de Bion de muitos dos princípios fundamentais da teoria e da técnica psicanalíticas. Neste capítulo ofereço algumas ideias sobre como empreender uma leitura de Bion de uma forma que torne suas ideias utilizáveis mas, ao mesmo tempo, considere rigorosamente a linguagem na qual suas ideias são expressas.[1]

Fundamental para minha leitura de Bion é a ideia de que uma fonte comum de confusão na leitura de seu trabalho deriva-se do não reconhecimento de que existem dois períodos contrastantes na obra de Bion que se baseiam em conjuntos sobrepostos, ainda que claramente diferentes, de pressupostos sobre a psicanálise. A escrita de cada um dos períodos requer modos distintos de leitura que geram diferentes experiências de leitura. Reporto-me aos dois períodos como o Bion "inicial" e "tardio". O primeiro consiste de todos os seus escritos até e incluindo *Aprendendo com a experiência* (1962a); o segundo se inicia com *Elementos da psicanálise* (1963).[2] É tentador ver o trabalho tardio como uma evolução do trabalho inicial. Minha leitura dos dois períodos, contudo, leva-me a uma conclusão diferente. A meu ver, o trabalho tardio, ainda que incorpore e pressuponha completa familiaridade com o trabalho inicial, representa uma radical divergência com o primeiro. Como será discutido, a experiência de ler o Bion inicial gera uma visão da psicanálise como um processo nunca concluído de esclarecer obscuridades e obscurecer esclarecimentos, empenhada na realização de movimentos em direção a uma convergência de significados díspares. Em contraste, a experiência de leitura da obra tardia de Bion transmite uma visão da psicanálise como um processo que envolve um movimento rumo à expansão infinita do significado.

Neste capítulo, tomo como ponto de partida a experiência de leitura de duas passagens, uma extraída de *Aprendendo com a experiência* (1962a) e a outra de *Atenção e interpretação* (1970). Nessas passagens, Bion sugere ao leitor o modo como ele gostaria que sua obra "inicial" e "tardia" fosse lida. Neste esforço, não estou tentando chegar no que Bion "realmente quis dizer";

estou interessado em ver que uso – clínico ou teórico – posso fazer de minhas próprias experiências de leitura do Bion inicial e tardio. Baseado nos muitos comentários feitos por Bion na última década de sua vida, não pode haver muita dúvida de que esse é o modo como ele gostaria que toda a sua obra fosse lida: "O modo como *eu* faço análise não tem importância para ninguém exceto para mim mesmo, mas pode dar a você alguma ideia de como *você* faz análise, e isso *é* importante" (1978, p. 206).

Na seção final deste capítulo, apresento uma descrição detalhada de uma sessão analítica e depois discuto a experiência analítica de um ponto de vista que é informado pelo trabalho de Bion, particularmente sua obra tardia.

I Bion sobre a leitura do Bion inicial

Na introdução de *Aprendendo com a experiência*, Bion cuidadosa e pacientemente explica ao leitor como ele gostaria que seu livro fosse lido:

> O livro foi feito para ser lido continuamente do começo ao fim, sem deter-se em trechos que inicialmente possam parecer obscuros. Algumas obscuridades se devem à impossibilidade de escrever sem pressupor familiaridade com algum aspecto de um problema que só é trabalhado posteriormente. Se o leitor fizer uma leitura contínua do começo ao fim, esses pontos vão se esclarecer à medida que ele avançar. Infelizmente existem obscuridades também devido à minha incapacidade de torná-las mais claras. O leitor pode descobrir que seu esforço para esclarecer essas obscuridades por si mesmo é compensador e não apenas um trabalho que lhe foi imposto porque eu deixei de fazê-lo.
>
> (1962a, p. ii)

Nesta passagem, Bion, de uma maneira altamente compacta, oferece várias ideias para a leitura de seu texto. Primeiro, o leitor deve ser capaz de tolerar não saber, perder-se, ficar confuso e, mesmo assim, seguir adiante. As palavras "obscuros", "obscuridades" (mencionadas duas vezes), "mais claras" e "esclarecer" (também utilizadas duas vezes), se acumulam nessas cinco frases. O que se deve aprender com a experiência (ou a incapacidade de aprender) será algo que o leitor vai experimentar diretamente no ato de leitura do livro – uma experiência de leitura que não "progride" simplesmente da obscuridade para o esclarecimento, mas reside em um processo contínuo do esclarecimento negando a obscuridade e a obscuridade negando o esclarecimento. Bion, não sem uma ponta de ironia e presença de espírito, sugere que "o leitor pode descobrir... compensador" tentar "esclarecer [as obscuridades]" por si mesmo "não apenas... porque eu deixei de fazê-lo". Em outras palavras, para que o leitor realize algo mais do que uma "simples leitura" (1962a. p. ii) deste livro, ele deve tornar-se o autor de seu próprio livro (seu conjunto pessoal de ideias) mais ou menos baseado no de Bion. Somente assim o leitor terá criado a possibilidade de aprender com sua experiência de leitura.

Bion (1992), em uma nota para si mesmo, uma "cogitação" que com toda probabilidade foi escrita durante o período em que estava escrevendo *Aprendendo com a experiência*, desenvolve a ideia de que o ato de leitura é uma experiência com seu próprio valor a ser vivida e da qual aprender: "O livro terá fracassado para o leitor se ele não se tornar um objeto de estudo e a própria leitura dele uma experiência emocional" (1992, p. 261). Em outra "cogitação", Bion apresenta sua concepção "inicial' de como a escrita analítica funciona e, por implicação, como ele gostaria de ser lido. (A passagem que vou citar encontra-se imediatamente depois de uma descrição sucinta de uma página e meia de uma sessão analítica que inclui observações detalhadas tanto da experiência emocional de Bion quanto da do paciente psicótico.)

> Não me sinto capaz de comunicar ao leitor uma descrição que tenha chance de me satisfazer como correta. Tenho mais confiança de que poderia fazer o leitor compreender o que eu tive que suportar se eu puder arrancar dele uma promessa de que ele leria fielmente todas as palavras que eu escrevi; então eu me poria a escrever centenas de milhares de palavras praticamente indistinguíveis do que eu já escrevi em minha descrição das duas sessões. Em resumo, não posso ter tanta confiança em minha habilidade de contar ao leitor o que aconteceu quanto em minha habilidade de fazer ao leitor algo que fiz a mim mesmo. Eu tive uma experiência emocional; sinto-me confiante de minha capacidade de recriar [na escrita] aquela experiência emocional, mas não de representá-la.
>
> (1992, p. 219)

Nessa prosa elegante – Bion é um escritor difícil, mas não um mau escritor –, ele imagina a escrita psicanalítica como um esforço não para relatar, mas para criar uma experiência emocional muito próxima da que o analista teve na análise. Nessa passagem, e na descrição clínica que a precede, Bion está fazendo o que está dizendo; ele demonstra em contraste com a descrição. No trabalho clínico apresentado, o paciente psicótico, que na realidade "pode cometer um homicídio" (p. 218), sussurra no fim da sessão: "Eu não vou aguentar" (p. 219). Bion comenta que "parece não haver motivo para que essas sessões cheguem ao fim" (p. 219). (Nesta última frase, Bion está falando do ponto de vista do paciente e assim comunica o que não é afirmado na frase e na sessão, e contudo está sinistramente presente em ambas: em um campo psicótico, o tempo é obliterado e finalizações são arbitrárias e inesperadas – e consequentemente podem incitar um homicídio real.)

Em seus comentários pospostos à descrição clínica, Bion consegue chegar na própria linguagem, a algo de sua experiência de estar com o paciente. Ele imagina escrever centenas de milhares de palavras sobre "o que tive que suportar" e "arrancar" – palavra com conotações de coerção violenta – "uma promessa" do leitor. A promessa "de que [o leitor] leria fielmente todas as palavras que eu escrevi" é "arranca[ada]" antes que o leitor saiba do ataque de palavras que estão por vir – palavras que nada acrescentam ao que Bion já disse. A experiência de leitura que ele está imaginando é uma experiência torturante que jamais chegaria a um fim e pode incitar sentimentos homicidas no leitor. Dessa forma, Bion cria algo semelhante à experiência emocional que viveu com seu paciente, em oposição à "representação" disso (ou seja, a descrição disso). Descrever a experiência analítica seria mal representá-la por que o ponto de vista emocional de escrever seria de um lugar fora da experiência, quando, na verdade, a experiência de Bion foi simultaneamente gerada de dentro e de fora do evento analítico: "Nós [analistas] temos que ser capazes de ter esses fortes sentimentos *e* continuar pensando claramente mesmo enquanto os estamos tendo" (Bion, 1978, p. 187).

Para resumir, ao oferecer suas ideias sobre como ele gostaria que *Aprendendo com a experiência* fosse lido, Bion retrata um estado de espírito (gerado no ato da leitura) que esteja aberto à vivência de uma experiência emocional e, ao mesmo tempo, ativamente engajado no esclarecimento de obscuridades e obscurecimento de (isto é, libertação dos fechamentos dos) esclarecimentos. Essas atividades mentais de comum acordo constituem uma parte significativa do que significa aprender com a experiência, tanto na leitura quanto na situação analítica. Isso está no cerne de uma abordagem hermenêutica na qual existe um movimento dialético progressivo entre obscuridade e esclarecimento que se move em direção ao fechamento, mas nunca o atinge.

II Uma mistura de línguas

Ao examinar a experiência emocional da leitura de *Aprendendo com a experiência*, é impossível ignorar a estranheza da linguagem e terminologia que Bion emprega. Em parte, ele está tentando purgar a terminologia analítica da "penumbra de associações" ossificadas e ossificantes (1962a, p. 2) que se acumularam com o tempo e, em seu lugar, usar "termos sem significado" (p. 3) (tais como elementos alfa e beta) não saturados por uso prévio. Entretanto, nem toda a estranheza da linguagem de Bion é atribuível ao esforço para produzir uma linguagem analítica desimpedida por acréscimos de significado. Uma grande parte da opacidade da escrita de Bion deriva-se de sua mistura de linguagens, sistemas notacionais e conceitos que pertencem aos campos da matemática e da lógica simbólica (por exemplo, os conceitos de funções e fatores) com a linguagem da psicanálise.

Bion refere-se repetidas vezes ao conjunto de ideias que está desenvolvendo em *Aprendendo com a experiência* como "uma teoria das funções" (p. 2) e dedica grande parte dos primeiros dois capítulos do livro para explicar o que ele quer dizer por função. Bion usa o termo "função" para referir-se a uma forma de operação mental que determina o resultado de todo evento psíquico regido por aquela operação mental. Na matemática, adição, subtração, multiplicação e divisão (juntamente com cálculo diferencial e integral) são funções. Assim, quando dizemos que a + b = c, estamos dizendo que quando a função de adição (representada pelo sinal +) está em operação, sabemos a relação entre a, b e c. Em *Aprendendo com a experiência*, Bion está tentando libertar o pensamento psicanalítico dos limites das especificidades de um dado evento analítico, facilitando, assim, a delineação de um pequeno número de funções psicológicas essenciais que, grosso modo, são análogas a funções matemáticas. Essa concepção da tarefa da teoria analítica explica a natureza altamente abstrata da escrita de Bion e a exiguidade do material clínico apresentado em seu trabalho. (A matemática, segundo Bion, não poderia ter-se desenvolvido como um sistema de pensamento lógico se exigisse a presença de cinco laranjas para adicionar duas e três e fazer cinco.)

O modo como a mente funciona, da perspectiva do "Bion inicial", envolve essencialmente a função-alfa – a função de transformar dados sensórios brutos (denominados "elementos-beta") em unidades de experiência significativa (denominadas elementos-alfa) que podem ser ligadas no processo de pensar e armazenadas como memória. Como discutido no Capítulo 4, para Bion, sonhar é uma forma de função-alfa. Sonhar não é um reflexo da diferenciação da mente consciente e inconsciente, mas a atividade/função psicológica que gera essa diferenciação (e consequentemente é responsável pela manutenção da própria sanidade). Se somos incapazes de transformar dados sensórios brutos em elementos inconscientes da experiência (elementos-alfa), somos incapazes de sonhar, incapazes de diferenciar estar acordado e sonhar; consequentemente, somos incapazes de adormecer e incapazes de despertar; "daí a condição peculiar observada clinicamente quando o paciente psicótico se comporta como se estivesse precisamente neste estado" (Bion, 1962a, p. 7). (Ver Capítulo 4 para uma ilustração clínica do trabalho analítico relacionado ao estado de não ser capaz de sonhar.)

Escolhi discutir brevemente a teoria das funções de Bion não apenas porque ela representa um aspecto criticamente importante do pensamento dele, mas, igualmente importante, porque ela serve como ilustração para o tipo de trabalho envolvido na leitura do Bion inicial. O leitor deve acompanhar Bion quando este toma emprestado o conceito de função da matemática e lógica simbólica e ao fazê-lo leva a criação de teorias analíticas a um nível muito alto de abstração. (Este aspecto da leitura de Bion se transporta vigorosamente para a experiência de leitura de sua teoria das transformações e sua concepção da grade em seu trabalho posterior.) Ao mesmo tempo, ele substitui os modelos e terminologia psicanalítica familiares (por exemplo, os modelos topográfico e estrutural de Freud e o modelo das posições depressiva e esquizoparanoide de Klein) por termos intencionalmente sem significado, tais como função-alfa, elementos-beta e elementos-alfa. Além disso, como se isso não atrapalhasse o leitor o suficiente, Bion altera os significados das palavras cotidianas que o leitor pensava que entendia (por exemplo, a ideia de sonhar, adormecer e despertar).

O que está envolvido na experiência de ler o Bion inicial inclui uma oscilação entre esclarecimento de obscuridades e obscurecimento de esclarecimentos em um ciclo hermenêutico progressivo. Além disso, a experiência de aprender da leitura daquela obra tem algo de *Alice no país das maravilhas*. Todo o mundo da teoria psicanalítica parece diferente ao lermos Bion, porque ele é diferente. Palavras e ideias antes familiares tornam-se estranhas, o estranho torna-se "familiar" (da família das ideias psicanalíticas). É fundamentalmente diferente a teoria e a prática analítica corrente como consequência do trabalho inicial de Bion: por exemplo, a noção dos ataques do paciente a sua própria função de geração de significados (isto é, a capacidade de pensar, sentir, sonhar e assim por diante); a concepção dos ataques do paciente à capacidade de devaneio do analista; e a delineação das formas de contratransferência em atuação nas quais o analista temerosa e defensivamente ataca a capacidade sua e/ou do paciente de pensar.

III Bion sobre ler o Bion tardio

Em minha abordagem do trabalho tardio de Bion farei mais uma vez uso de alguns dos comentários dele sobre como ele gostaria que seu trabalho fosse lido como porta de entrada para seu pensamento – desta vez, focalizando em *Atenção e interpretação* (1970). Um problema apresentado pelo trabalho tardio de Bion fica imediatamente evidente no "conselho" que ele oferece ao leitor no início do livro. Assim como a experiência de leitura serviu como um meio no qual *aprender com a experiência* ganhou vida no trabalho inicial de Bion, também em *Atenção e interpretação*, a experiência viva *na leitura*[3] é usada para comunicar o que não pode ser dito em palavras e frases:

> o leitor deve desconsiderar o que eu digo até que o O da experiência de leitura tenha evoluído a um ponto no qual os reais eventos da leitura resultem em sua [do leitor] interpretação das experiências. Uma excessiva consideração pelo que eu escrevi obstrui o processo que eu represento pelos termos "ele se torna o O que é comum a si mesmo e a mim".
>
> (1970, p. 28)

O leitor é lançado diretamente no fogo de não saber e é aconselhado a não evadir deste estado mantendo "uma excessiva consideração pelo que eu escrevi". E, ao mesmo tempo, a questão é inescapável: O que se quer dizer com "o O" de uma experiência? Bion emprega termos como "a coisa em si", "a Verdade", "Realidade" e "a experiência" para dar uma ideia do que ele quer dizer com O. Mas uma vez que Bion insiste que O é incognoscível, inominável, além da compreensão humana, essas palavras são enganosas e contrárias à natureza de O. Ao introduzir O ao léxico psicanalítico, Bion não está propondo outra realidade "por trás" da realidade apreensível: ele está se referindo à realidade do que é, uma realidade que não criamos, uma realidade que nos precede e nos sucede e é independente de qualquer ato humano de conhecer, perceber ou apreender.

A linguagem que Bion utiliza oferecendo ideias sobre seu trabalho tardio sugere que o leitor está melhor armado com capacidades para o negativo. O que não pode ser conhecido só pode ser abordado em termos do que não é: "O leitor deve desconsiderar o que eu digo" e não manter "uma excessiva consideração pelo que eu escrevi". As "instruções" para o leitor em *Aprendendo com a experiência* foram, em parte, fundamentadas sobre a noção de que o leitor deve largar o que ele achava que sabia para entrar em um ciclo progressivo de saber e não saber. Em contraste, as instruções de Bion em *Atenção e interpretação* concentram-se na completa "desconsideração" do que ele está *dizendo*, pois tal adesão a afirmativas *sobre* a experiência obstrui o acesso do leitor aos eventos reais (o O da experiência) da leitura.

O leitor é informado que se ele for capaz de permanecer *na* experiência da leitura, seu estado de espírito vai "resultar em sua [do leitor] interpretação das experiências" (1970, p. 28). Existe uma ambiguidade fundamentalmente importante aqui na palavra "experiências": Bion está se referindo às experiências analíticas que ele (Bion) teve com seus pacientes que agora são tema de seu texto, ou "as experiências" se referem às experiências do leitor ao ler o texto? Evidentemente, as duas coisas: as experiências de Bion na análise são transmitidas não escrevendo *sobre* essas experiências, mas utilizando a linguagem de tal forma que as experiências dele *em* análise tornam-se as experiências do leitor *na* leitura. À medida que a escrita funciona, a essência irredutível, inarticulável, o O, de cada uma das duas experiências – a experiência do leitor ao ler Bion e as experiências de Bion ao ler seus pacientes – tornam-se unas (comuns) uma com a outra. O leitor "torna-se o O que é comum a si mesmo [suas experiências na leitura] e a mim [as experiências de Bion *nas* análises que ele conduziu]" (p. 28). Estou ciente de que nas frases anteriores, venho utilizando o termo O sem tê-lo definido. A meu ver, essa é a única forma de abordar-se produtivamente o conceito de O – permitindo que seus significados aflorem (seus efeitos sejam experimentados) à medida que se avança.

Os efeitos são efêmeros e sobrevivem somente tanto quanto o momento presente, pois nenhuma experiência pode ser armazenada e evocada outra vez. *Nós registramos a experiência (O) e somos alterados por ela; guardamos nossa experiência (O) em nosso ser, não em nossa memória.*

A escolha da palavra "interpretação" em seu conselho ao leitor – "os reais acontecimentos da leitura resultam em sua [do leitor] interpretação das experiências" – é uma palavra inesperada uma vez que a passagem privilegia fortemente "estar *na* " em oposição à "falar *sobre*". Mas não há como contornar o emprego da incômoda palavra "interpretação" por Bion, a qual inevitavelmente focaliza a formulação do analista do que é verdadeiro à experiência emocional que ocorre entre paciente e analista. O que Bion está lutando para comunicar, creio, é que *a psicanálise é mais fundamentalmente um empreendimento que envolve* "a emergência" *(p. 28) no reino do saber (K)*[4] *da própria experiência não simbolizável, incognoscível, inexprimível.* O emprego da palavra "emergência" por Bion está no cerne de uma compreensão da relação entre a experiência – o incognoscível e não simbolizável (O) – e o simbolizável, as dimensões apreensíveis da experiência (K).

Uma emergência é "uma experiência imprevista" (*Oxford English Dictionary*). Em termos da relação entre O e K, experiências em K (isto é, experiências de pensar, sentir, perceber, apreender, compreender, lembrar e sensações corporais) são "evoluções de O" (Bion, 1970, p. 27). Tais evoluções de O são "imprevisíveis" do mesmo modo que a consciência é uma emergência totalmente imprevisível dos mecanismos elétricos e químicos do cérebro. Não há absolutamente nada no estudo da fisiologia do cérebro que nos leve a antever a experiência da consciência humana. De modo análogo, não há nada na estrutura e na fisiologia do olho e sua miríade de conexões com o cérebro que nos permitiria antecipar a experiência da visão.

A ideia de "emergência" como conceito filosófico envolve a concepção de uma interação de forças em um nível de complexidade (por exemplo, conglomerados neuronais) que resulta na geração de qualidades genuinamente novas (por exemplo, consciência ou visão) que são impossíveis de serem previstas pelo estudo das unidades individuais de qualquer dos dois níveis de complexidade (Tresan, 1996; Cambray, 2002). Embora não haja evidência de que Bion conhecesse esta linha de pensamento filosófico (desenvolvida por um grupo de filósofos britânicos na primeira metade do século XX [McLaughlin, 1992]), a meu ver, o conceito filosófico de emergência corresponde fielmente à noção de Bion (1970) de "emergência" de ("evolução de") O no reino da experiência "sensível" apreensível (K).

Em contraste com as evoluções/emergências apreensíveis de O em K, a experiência em si (O) simplesmente é. O único verbo adequado para pospor-se ao sinal O é alguma forma do verbo ser; uma experiência em O é uma experiência de ser e tornar-se. A interpretação como um ato de tornar-se induz a e permite-se moldar pelo que é. Reconhecemos a verdade quando a ouvimos na música, a vemos na escultura, a sentimos em uma interpretação analítica ou em um sonho. Não podemos dizer o que é, exceto na escultura, por exemplo, o escultor cria gestos estéticos que dirigem o observador para O; na psicanálise, analista e analisando fazem "coisas" (objetos analíticos como interpretações) em forma verbal e não verbal que emergem do, e gesticulam em direção ao, que é verdadeiro na presente experiência emocional.

O 'O' (a verdade do que é) é altamente específico à situação emocional gerada por um determinado analista e por um determinado paciente em um determinado momento da análise. E, ao mesmo tempo, a verdade do que é (o O daquela experiência) envolve a verdade que se aplica a toda a humanidade do "passado que nos é desconhecido...[a] todo presente...que nos envolve a todos;...[ao] futuro ainda não criado" (Borges, 1984, p. 63).[5] O 'O' dessas verdades universais é emergente em e constitutivo de nosso próprio ser e atravessa todos os tempos, pois verdade e tempo relacionam-se apenas por simultaneidade. Nesse sentido, O é aquele conjunto de verdades humanas universais inarticuladas que vivemos, mas não sabemos; é o que ouvimos na música e na poesia, mas não podemos nomear; é quem somos no sonho, mas não podemos comunicar ao contar o sonho.

'O' é o estado de estar-no-momento-presente, um momento que "É demais para os sentidos,/ transbordante demais, desorientador demais –/ presente demais para imaginar" (Fros, 1942a, p. 305). Nossa capacidade para estar-no-presente é "obstruída" pelo desejo humanamente compreensível de nos proteger de seu brilho cegante. Buscamos proteção do O do momento presente nas sombras das lembranças do que achamos que conhecemos porque já aconteceu e em nossas projeções do passado no futuro.

Não é surpreendente, diante do que foi dito, que as interpretações que "resultam das" experiências de leitura do Bion tardio (ou das experiências com um paciente em análise) vão inevitavelmente ser decepcionantes e envolver um sentimento de perda. Bion (1975) observou que as interpretações são normalmente seguidas de um sentimento de depressão (eu diria tristeza). O que se perdeu na interpretação é a experiência inefável, inexprimível do que é verdadeiro à experiência emocional. O crítico literário Lionel Trilling (1947), em resposta à pergunta "O que *Hamlet* significa?" afirmou que *Hamlet* não significa "nada menos do que *Hamlet*" (p. 49). *Hamlet* é *Hamlet*; O é O. "O mundo, infelizmente, é real; eu, infelizmente, sou Borges" (Borges, 1946, p. 234).

Em suma, a obra tardia de Bion requer um tipo de leitura totalmente diferente da que é exigida por seu trabalho inicial. A leitura dos primeiros trabalhos envolve experimentar um ciclo no qual obscuridades são progressivamente esclarecidas; estes esclarecimentos então são reabertos para novas confusões que exigem mais esclarecimentos de uma espécie que emprestam coerência (em uma maior profundidade) à experiência da leitura, e assim por diante. A "forma" geral do movimento dialético é a de um movimento em direção a uma convergência de conjuntos de significados nunca alcançada. E ao mesmo tempo, a leitura do Bion inicial inclui uma dose maciça da experiência de estranho brilho e de brilhante estranheza – por exemplo, seu conceito de elementos-beta, função-alfa, a ideia de ser incapaz de adormecer ou despertar e a aplicação de conceitos matemáticos à psicanálise.

O trabalho posterior de Bion oferece uma experiência apreciavelmente diferente de leitura. Se a leitura do Bion inicial é uma experiência de movimento em direção à convergência de significados díspares, a experiência de leitura do Bion tardio é uma experiência de movimento rumo a uma infinita expansão de significado. Na experiência de leitura do Bion tardio, o leitor é levado a seus limites e muito além disso em seu esforço para sustentar um estado de receptividade ativa a toda experiência possível de leitura. Se a leitura do Bion inicial é uma experiência de aprender com a experiência, a leitura do Bion tardio é uma experiência de desvencilhar-se do uso deliberado de tudo que se aprendeu com a experiência a fim de ser receptivo a tudo que não se sabe: "Não há mais nada a dizer sobre para o que vocês [os analistas] estão preparados; o que vocês sabem, vocês sabem – não precisamos nos preocupar com isso. Temos que lidar com tudo que não sabemos" (Bion, 1978, p. 148).

Concluirei esta seção do capítulo com duas breves observações. Primeiro, poder-se-ia dizer que a leitura do Bion inicial e do Bion tardio são experiências que se colocam em tensão dialética uma com a outra. Mas, baseado no que discuti até aqui, acredito que é mais exato descrever as duas experiências de leitura como de natureza fundamentalmente diferente. As duas colocam-se como "vértices" diferentes (Bion, 1970, p. 93) a partir dos quais podemos ver a experiência analítica. Elas dão profundidade estereoscópica uma à outra em vez de se oporem a dialogar uma com a outra.

Segundo, na leitura do Bion tardio, é importante manter em mente que O não é um conceito filosófico, metafísico, matemático ou teológico; ele é um conceito psicanalítico. Bion está interessado exclusivamente na experiência psicanalítica: ele está preocupado somente com a tarefa do analista de superar o que já conhece a fim de estar em sintonia com o que é, o O da experiência analítica em qualquer dado momento. Em sua concepção do estado de espírito analítico (devaneio), o analista torna-se o mais receptivo possível para experimentar o que é verdadeiro e tenta encontrar palavras para expressar algo desta verdade ao paciente. A transcendência do *self* por parte do analista não é de forma alguma um fim em si mesmo e não tem absolutamente nenhuma utilidade para o paciente; a tarefa do analista é a de dizer algo "relativamente verdadeiro" (Bion, 1982, p. 8) em relação à experiência emocional que ocorre em um dado momento da análise e que o paciente poderia ser capaz de utilizar consciente e inconscientemente para propósitos de crescimento psicológico.

IV Um prefácio para uma experiência analítica

Antes de oferecer um exemplo clínico que ilustra o uso na prática clínica de algumas das ideias apresentadas anteriormente, é necessário introduzir um conceito adicional (extraído da obra tardia de Bion) que, a meu ver, representa uma ponte essencial entre a concepção de Bion do modo como a mente funciona e o nível experiencial do processo psicanalítico. Refiro-me a uma distinção que Bion faz em *Atenção e interpretação* entre duas maneiras de recordar:

> Estamos familiarizados com a experiência de *recordar um sonho*; isso deve ser contrastado com sonhos que afloram à mente sem serem convidados ou procurados e voltam a se desvanecer da mesma forma misteriosa. O tom emocional dessa experiência não é particular do sonho: pensamentos também ocorrem sem convite, de maneira nítida, distinta, com o que parece ser de uma clareza inesquecível, e então desaparecem sem deixar vestígios pelos quais possam ser recapturados. Quero reservar o termo "memória" para experiências relacionadas às tentativas conscientes de recordação. Estas [tentativas conscientes de recordação] são expressões de um temor de que algum elemento, "incertezas, mistérios, dúvidas", irão importunar.
>
> (1970, p. 70)

Para Bion, a "memória" é uma exigência ansiosa da mente que interfere na capacidade do analista de ser receptivo ao que é verdadeiro à experiência emocional, o O da experiência, como vivida no momento presente. Em contraste,

> a memória do tipo onírico é a memória [lembranças que afloram à mente sem convite) da realidade psíquica e constitui a substância da análise... o sonho e o material de trabalho do psicanalista possuem ambos uma qualidade onírica.
>
> (p. 70-71)

Assim, quando o analista está fazendo um trabalho analítico genuíno, ele não está "lembrando", isto é, não está conscientemente tentando conhecer/compreender/formular o presente dirigindo sua atenção ao passado. Em vez disso, ele está experimentando a análise de uma forma "semelhante ao sonho" – ele está sonhando a sessão analítica. Uma analista em consulta com Bion (1978) comentou que as observações dele lhe pareciam tão valiosas que ela não sabia se conseguiria lembrar-se de todas. Bion respondeu que ele esperava que ela não se lembrasse de nada do que ele disse, mas que ele ficaria satisfeito se um dia durante uma sessão analítica, algo que tivesse acontecido na consulta voltasse para ela de um modo semelhante ao de uma recordação inesperada de um sonho e talvez aquela recordação semelhante a um sonho pudesse ser-lhe útil para dizer algo ao paciente que o paciente pudesse usar.

V Sobre não ser "um analista"

Durante um telefonema no qual marcamos nosso primeiro encontro, o Sr. B disse-me que não queria fazer análise. Na primeira sessão, ele reiterou seu desejo de não fazer análise e acrescentou que ele havia feito algumas sessões com o "psicólogo da escola" durante a faculdade por causa de sua insônia, mas não conseguia se lembrar do nome dele. Decidi não pedir um esclarecimento sobre o que o Sr. B entendia por "análise" e por que ele se colocava tão contra ela. Minha decisão de desistir de intervir desta forma baseou-se na ideia de que agir assim teria sido ignorar o que este paciente estava tentando arduamente me dizer: ele não queria que eu fosse "um analista" sem nome, um analista que se comportasse de uma maneira que representava o resultado da experiência com outros pacientes. Em meu trabalho com ele, eu não deveria ser quem eu pensava que era ou quem eu tinha anteriormente sido com qualquer outra pessoa ou comigo mesmo.

No final da sessão, sugeri os possíveis horários para nos encontrarmos novamente na semana. O Sr. B abriu sua agenda de compromissos e me falou os horários que seriam mais convenientes para ele. Continuei com este método de ir marcando uma sessão por vez durante os meses seguintes; isso parecia adequar-se ao Sr. B naquele período de nosso trabalho. Depois de alguns meses, um sistema de encontros diários se estabeleceu. Na segunda ou terceira sessão, eu disse ao Sr. B que eu achava que conseguiria trabalhar melhor com ele se ele deitasse no divã; começamos a trabalhar dessa forma na sessão subsequente. O Sr. B me disse que usar o divã era um pouco estranho, mas que lhe servia também.

A princípio o paciente não disse quase nada sobre as atuais circunstâncias de sua vida, inclusive sua idade. Ele mencionou sua esposa, mas não ficou claro há quanto tempo eles eram casados, que tipo de casamento tinham, ou se tinham filhos. Não me senti inclinado a perguntar; seu modo de ser comigo e meu modo de ser com ele naquele momento pareciam ser uma forma de comunicação mais importante do que a que poderia ser obtida através de minhas perguntas. Quando, oportunamente, eu realmente fiz uma pergunta, o paciente respondeu educadamente e com seriedade, mas as perguntas e respostas pareciam apenas distrair o Sr. B e eu da tarefa de nos apresentarmos um ao outro em um nível inconsciente.

O "paciente' – palavra estranha porque o Sr. B não era um paciente do modo que me era familiar – nunca me disse por que viera me ver. Eu acho que nem ele mesmo sabia. Em vez disso, ele me contou "histórias" de fatos de sua vida que lhe eram importantes, mas que não "chegavam ao ponto" sobre alguma coisa no sentido de ilustrar um dilema ou descrever uma forma de sofrimento psicológico em relação ao qual ele precisava ou queria minha ajuda. Eu achava suas histórias interessantes. O Sr. B frequentemente me surpreendia porque em seus relatos ele se descrevia como uma pessoa meio distante e um pouco "fora" de uma maneira totalmente espontânea (e terna). Por exemplo, ele me contou que quando estava na quarta série, havia uma nova menina, L, em sua classe que recentemente tinha se mudado para a cidade na qual ele havia crescido. O pai dela tinha morrido no ano anterior, fato que o Sr. B achou "instigante, misterioso e incompreensível". Ele e L tornaram-se muito ligados um ao outro; seu relacionamento continuou até o fim do ensino médio e durante o primeiro ano da faculdade. Era "muito intenso e muito tempestuoso".

Um incidente desse longo relacionamento com L destacou-se na mente do paciente. Um dia depois de terem ido a um baile da escola juntos, o Sr. B passou na casa de L para pegá-la para um passeio de carro conforme tinham combinado. Quando o paciente bateu na campainha, a mãe de L veio até a porta e lhe disse que L não estava em casa. O Sr. B ficou ali imóvel por um momento, sem acreditar. Ele me contou que então entrou no carro e dirigiu por horas a fio gritando de dor a plenos pulmões. O Sr. B prosseguiu dizendo que L, anos depois, contou-lhe que tinha ficado bebendo com umas amigas depois que ele a havia deixado em casa, e que estava tão envergonhada por ter ficado de ressaca que pediu à mãe que dissesse que ela não estava em casa.

Em minhas intervenções durante o primeiro ano ou algo assim de análise, utilizei palavras muito semelhantes às utilizadas pelo paciente, mas com uma ênfase um pouquinho diferente. Por exemplo, em resposta à descrição da mãe de L dizendo ao Sr. B que L não estava em casa, eu disse: "Como você poderia saber o que estava acontecendo se não estavam te dizendo a verdade?" Ao falar dessa forma, eu estava colocando em palavras uma ideia e um conjunto de sentimentos que se aplicavam a uma boa parte do que estava acontecendo naquela fase da análise: eu estava ressaltando a enorme importância que dizer a verdade tinha para o Sr. B. Eu interpretei a história da mentira da mãe de L como uma expressão inconsciente do sentimento do paciente de que eu poderia feri-lo profundamente se não fosse verdadeiro com ele, se desempenhasse o papel do analista em oposição ao de ser eu mesmo como *seu* analista. Meu comentário ao Sr. B era em parte informado por uma história que ele havia me contado meses antes: durante uma conversa que ocorreu em uma pensão familiar, uma barata correu por cima do caderno do Sr. B. O paciente disse de uma forma muito prosaica que ele não tinha se incomodado com a barata: "Onde mais viveria uma barata senão em uma pensão familiar? Eu era o visitante, não ela".

Enquanto o Sr. B falava da mentira da mãe de L, me perguntei o que eu faria se um de meus filhos durante a adolescência tivesse me pedido para mentir para um do seus amigos íntimos. Não consegui me imaginar fazendo isso, exceto em circunstâncias excepcionais. Minha mente vagueou para uma série de experiências com G, meu melhor amigo quando tínhamos 10 ou 11 anos de idade. A família dele tinha se mudado da Austrália para os Estados Unidos apenas alguns anos antes. Lembrei-me do hábito de G de exagerar imensamente uma história ao contá-la. Quando confrontado com uma prova irrefutável de seu exagero, ele dizia: "Eu só fosse brincando". Mesmo sendo criança, eu tinha consciência de que G estava usando a palavra "fosse" no lugar de "estava", e exceto por isso, ele dizia as coisas do mesmo modo que nós (embora com um sotaque australiano). O hábito dele de distorcer a verdade me parecia constrangedor no seu desespero. Essa foi uma recordação especialmente dolorosa para mim durante a sessão com o Sr. B porque ela estava intimamente associada a lembranças de meus próprios atos de desonestidade na infância que ainda eram um motivo de vergonha para mim. Houve algumas ocasiões em que eu tinha me exibido para a mãe de G mencionando um livro que eu tinha lido ou alguma notícia do noticiário nacional que eu tinha ouvido. Eu não tinha sentido a necessidade de posar dessa forma para os pais de nenhum de meus outros amigos. Lembrei-me também do quão surpreso fiquei porque G chamava sua mãe por seu primeiro nome. Saí deste devaneio com um profundo sentimento de tristeza por G, que tinha vivido sob enorme pressão (tanto interna quanto externa) para ser para sua mãe alguém que ele não era. Quem ele era – e quem eu era – simplesmente não era bom o bastante.

Quando minha atenção retornou ao Sr. B, ele estava me contando sobre ir de bicicleta à escola quando tinha apenas 10 anos de idade. Ele parava periodicamente no caminho e colocava uma folha ou uma pedra ou uma tampa de garrafa em algum lugar – por exemplo, entre as tábuas de um cerca velha ou em uma caverna que "não passava de um buraco cavado debaixo de uma pedra grande". No caminho de volta para casa, ele recuperava esses objetos. O Sr. B recordou-se com prazer da sensação do vento no rosto enquanto voltava para casa de bicicleta e o sentimento de assombro que ele sentia porque durante todo o tempo que ele permanecia na escola, aquelas coisas ficavam ali "passando o dia fazendo outra coisa" e esperando por ele em seu caminho de volta para casa. Parecia que o importante nesta experiência de infância era a sensação de segurança que o Sr. B tinha por saber que estas coisas estavam vivas (repletas de significado) exatamente como ele estava vivo por estar na escola. Os objetos cuidadosamente colocados tinham uma existência que continuava em sua ausência: a pedra e a folha e a tampa de garrafa continuavam sendo o que eram. À medida que o Sr. B me contava sua história, o som e a cadência de suas palavras me fizeram recordar os versos de um poema em prosa de Borges (1957): "Todas as coisas anseiam em persistir em seu ser; a pedra eternamente quer ser uma pedra e o tigre um tigre" (p. 246).

Ao ouvir a história do Sr. B sobre as pedras e folhas e tampas de garrafa continuarem sendo o que eram enquanto ele estava na escola (em conjunto com meu devaneio sobre G e sua mãe), ocorreu-me que o Sr. B tinha se sentido assustado quando era criança – e agora comigo – porque sua ligação com sua mãe (e comigo) parecia fraca, não baseada em verdades que permanecem verdadeiras, verdades que possam ser totalmente dadas como garantidas, amor que continua sendo amor, uma mãe que persiste em ser como uma mãe *o tempo todo*. Eu disse ao Sr. B: "Parece-me que você sentiu – embora eu não saiba se você colocaria desta forma – que a mãe de L não era maternal com ela ou com você ao mentir para você. Existe algo sobre ser mãe que não combina com mentir. Não é uma questão de ética ou de sentimentalismo; é o sentimento de que uma mãe, quando está sendo mãe, está dizendo a verdade, ela *é* a verdade". Eu e o Sr. B ficamos em silêncio por alguns minutos até o fim da sessão.

Alguns meses depois, quando o Sr. B estava começando a ser capaz de falar mais diretamente sobre sentimentos, ele me contou que quando era criança, havia longos períodos de tempo durante os quais ele sentia medo de que chegaria em casa e descobriria que sua mãe tinha sido levada por alienígenas – ela não seria mais sua mãe, ainda que parecesse exatamente como sua mãe. Ele tentaria criar perguntas cujas respostas somente sua mãe real poderia saber. Ele disse: "Lembro-me vividamente daquele medo que eu sentia quando criança e somente agora reconheço a tristeza que o acompanhava. Mas, neste momento, tudo que eu sinto é frio – não distante ou remoto –, mas fisicamente frio, como se a temperatura do ambiente tivesse repentinamente caído 25 graus".

VI Discussão

O trabalho com o Sr. B começou com um pedido inconsciente que eu não fosse um analista genérico, mas, em vez disso, uma pessoa capaz de não saber quem eu sou e quem ele é. Somente neste sentido eu seria capaz de estar aberto ao que eu não sei, ou seja, ao O de quem ele é (e de quem eu sou com ele). Para poder ajudar o Sr. B de alguma forma, eu teria que inventar uma psicanálise que tivesse o nome dele, seu ser. Isso contrastaria com a terapia oferecida por seu terapeuta anterior que não tinha um nome, ou seja, que não fazia uma terapia com o Sr. B que tivesse os nomes deles.

O pedido inconsciente do Sr. B era um pedido razoável que todo paciente faz, mas, para ele, isso tinha um significado especial derivado de sua experiência pessoal de vida, a qual incluía seu relacionamento com a mãe. A condição dela de ser-mãe-dele lhe parecia não somente inconfiável como também falsa. No período inicial da análise, esta qualidade de sua experiência de sua mãe ganhou vida de muitas formas. Através de seu modo único de comportar-se comigo, o Sr. B inconscientemente comunicou para mim o quanto era importante para ele que as pessoas estivessem genuinamente (verdadeiramente) presentes umas com as outras. Ele se recusou a se adaptar ao que imaginava ser a forma prescrita na qual ele devia fazer o papel de paciente que consulta um médico sobre uma enfermidade para a qual ele estava buscando tratamento. Em vez disso, o Sr. B parecia apenas estar ali e eu devia responder apenas a quem ele era. Era o ser dele (o O de quem ele é) que eu devia experienciar, não um substituto pré-embalado para O na forma de minhas ideias preconcebidas (ou dele) sobre análise. Meus esforços para fazer isso, por exemplo, marcando apenas um encontro de cada vez, não pareciam artifícios, mas, sim, a forma como tinha que ser e deveria ser com o Sr. B naquele ponto. Eu ouvi (com genuíno interesse) as histórias dele sem tentar descobrir sobre o que "realmente era" a história; a história não era sobre nada; a história era a história; O é O.

Tentei falar com o Sr. B de um modo que emergisse do que era verdadeiro à experiência emocional que estava ocorrendo. Ao falar da mentira que a mãe de L contou ao paciente, falei da confusão, da incapacidade de pensar, diante de uma mentira: "Como você poderia saber o que estava acontecendo se não estavam te dizendo a verdade?" Toda interpretação que um analista faz é dirigida a sua própria experiência bem como à do paciente. Nesse caso, minha interpretação serviu como ponto de partida para um devaneio envolvendo os exageros desesperados de G e meus próprios sentimentos de vergonha a respeito de minha própria desonestidade emocional (exibicionismos). Meus sentimentos de vergonha foram seguidos de tristeza pelo sentimento de inadequação de G aos olhos de sua mãe. Seu uso gramaticalmente incorreto da palavra "fosse" ao dizer "Eu só fosse brincando", agora, em retrospectiva, parece ter sido um evento complexo que reflete o colapso da linguagem e do pensamento diante de seus próprios esforços para tornar-se uma mentira, isto é ser alguém que ele não era. Talvez a palavra "fosse" em sua declaração representasse o início estrangulado de um apelo a sua mãe, um desejo de que ela fosse um outro tipo de mãe, uma mãe que pudesse sinceramente amá-lo como ele era, não como ela desejava que ele fosse.

O devaneio, como o sonhar, ainda que muitas vezes envolva grande complexidade de sentimentos, é não obstante uma forma de experiência pouco ou não mediada. Nos devaneios e sonhos, quase não existe um *self* reflexivo. Mesmo quando parece haver a figura de um *self* observador em um sonho, esta não tem maiores poderes de observação do que qualquer outra figura no sonho (incluindo o narrador). Nesse sentido, eu vejo o devaneio como *uma experiência do que é* em um nível inconsciente no relacionamento analítico – o O do inconsciente do analista e do analisando vivendo na experiência do terceiro analítico inconsciente (Ogden, 1994a, 1994c, 1999a). O devaneio sobre meu amigo, G, e sua mãe não era *sobre* os eventos inconscientes que ocorriam na análise naquele ponto – ele *era* o O da experiência inconsciente naquele ponto.

A resposta do Sr. B à minha interpretação referente a sua incapacidade de saber o que estava acontecendo diante de um mentira tomou forma ao contar-me uma história sobre seu modo de certificar-se quando criança de que as coisas (e, por extensão, as pessoas) permanecem fiéis a quem são quando não estão à vista. (Com o passar do tempo, as histórias do paciente adquiriram significados mais estratificados. Isso está refletido, por exemplo, no modo como a história das pedras e folhas escondidas prestou-se mais naturalmente à interpretação verbalmente simbólica.)

Falei com o Sr. B nos termos dos sentimentos e imagens que ele havia apresentado (e nos termos dos sentimentos que eu havia experienciado em meu devaneio). Disse-lhe que eu achava que ele sentia que a mãe de L não tinha sido maternal com L ou com ele quando mentiu para ele, e que ser mãe é de alguma forma ser verdadeiro. Evidentemente, eu também estava dizendo diretamente que ser analista também é de alguma forma ser verdadeiro, ou seja, que é meu trabalho tentar tornar-se e dizer a verdade, o O da experiência emocional em um dado momento da análise. (A ideia de que não é possível ao analista ser bem-sucedido em seu esforço para dizer e ser o que é verdadeiro foi abordado por Bion em resposta à autocrítica de uma analista que estava apresentando uma sessão para ele. A analista estava se castigando pela insuficiência de suas interpretações. Bion, com quase 80 anos naquela época, comentou: "Se você estivesse praticando psicanálise há tanto tempo quanto eu, você não se preocuparia tanto com uma interpretação inadequada – eu jamais dei algum outro tipo. Isso é a vida real – não ficção psicanalítica" [1975, p. 43].)

Parece apropriado concluir este capítulo com uma menção aos comentários do Sr. B sobre seu medo de infância de descobrir que sua mãe não era mais realmente sua mãe. A experiência dele neste momento expressa a diferença entre *lembrar de uma experiência* (sua recordação do medo de infância e sua nova consciência da solidão que fazia parte disso) e *tornar-se o O da experiência* (sua sensação de frio, tornar-se aquela experiência de resfriamento).

NOTAS

1. Este é o terceiro de uma série de artigos sobre o tema de leitura da obra de grandes autores psicanalíticos; os dois primeiros tratam das experiências de ler Freud (Capítulo 3) e Winnicott (Ogden, 2001c).
2. Minha decisão de dividir a obra de Bion em períodos inicial e tardio é um pouco arbitrária. Sua obra poderia, com idêntica validade, ser dividida segundo outras linhas de clivagem, por exemplo, vendo *Experiências em grupos* (1959b) como um período por si mesmo, ou tratando *Elementos da psicanálise* (1963) e *Transformações* (1965) como um período transicional separado.

3. A diferença entre *pensar sobre* uma experiência e *estar na* experiência é um tema recorrente em *Atenção e interpretação*, particularmente enquanto relacionado à impossibilidade de tornar-se um analista aprendendo *sobre* análise; é preciso estarmos *em* psicanálise – nossa própria análise e as que conduzimos – para estarmos verdadeiramente no processo de nos tornarmos psicanalistas.
4. K é um sinal usado por Bion (1962a) – como eu o interpreto – para referir-se não ao substantivo conhecimento (um conjunto estático de ideias), mas ao conhecer (ou vir a conhecer), isto é, o esforço para ser receptivo e dar forma apreensível (ainda que inadequada) ao que é verdadeiro a uma experiência (O).
5. Para ambos, Bion e Borges, o futuro já está vivo no presente como "o ainda-desconhecido" (Bion, 1970, p. 71); o futuro projeta sua sombra para trás sobre o presente (Bion, 1976; ver também Capítulo 4).

7
Sobre sustentar e conter, ser e sonhar

O conceito de Winnicott de *holding* (sustentação) e a ideia de continente-contido de Bion estão entre as contribuições mais importantes de cada um desses analistas para o pensamento analítico. Nesta ótica, é irônico que os dois conjuntos de ideias sejam com tanta frequência malcompreendidos e confundidos entre si. Neste capítulo, delineio o que acredito serem os aspectos críticos de cada um desses conceitos e ilustro o modo como eu utilizo essas ideias em meu trabalho clínico.

Vejo o *holding* de Winnicott como um conceito ontológico relacionado antes de mais nada com o ser e sua relação com o tempo. Inicialmente, a mãe protege a continuidade do ser do bebê, em parte isolando-o do aspecto "não eu" do tempo. A maturação envolve a gradual internalização pelo bebê do *holding* materno da continuidade de ser do bebê ao longo do tempo e de seu fluxo emocional.

Por contraste, o conceito de continente-contido de Bion está fundamentalmente relacionado com o processamento (sonhar) de pensamentos derivados da experiência emocional vivida. A ideia de continente-contido trata da interação dinâmica entre pensamentos predominantemente inconscientes (o contido) e a capacidade de sonhar e pensar estes pensamentos (o continente).

Ao longo da discussão, não devemos esquecer que os conceitos de *holding* e de continente-contido não se colocam em oposição um ao outro, mas como duas posições estratégicas das quais ver uma experiência emocional.

I *Holding*

Como é o caso para quase todas as contribuições seminais de Winnicott, a ideia de *holding* é enganosamente simples (Ogden, 2001c). A palavra *holding*, como utilizada por Winnicott, é fortemente evocativa de imagens de uma mãe que nina delicada e firmemente seu bebê nos braços e, quando ele está em sofrimento, segura-o apertado contra seu peito. Estes estados psicológicos/físicos de mãe e bebê são os referentes experienciais essenciais para a metáfora/conceito de *holding* de Winnicott.

Muito poucos psicanalistas contestariam a importância do impacto do *holding* materno sobre o crescimento emocional do bebê. Contudo, o significado do conceito de *holding* de Winnicott para a teoria psicanalítica é muito mais sutil do que esta ampla definição sugeriria. *Holding* é um conceito ontológico que Winnicott utiliza para explorar as qualidades específicas da experiência de estar vivo em diferentes estágios do desenvolvimento, assim como os meios intrapsíquicos-interpessoais mutáveis pelos quais a sensação de continuidade do ser se sustenta no decorrer do tempo.

Sendo no tempo do bebê

A qualidade mais precoce de vivacidade gerada no contexto de uma experiência de *holding* é apropriadamente denominada por Winnicott (1956) "continuar a ser" (p. 303), expressão que é toda verbal, destituída de um sujeito. A expressão consegue transmitir o sentimento do movimento da experiência de estar vivo em uma época em que o bebê ainda não se tornou um sujeito. O estado emocional da mãe em seu ato de segurar o bebê em seu estado mais precoce de continuar a ser é denominado por Winnicott "preocupação materna primária" (1956). Como é verdade em relação ao estado do bebê de continuar a ser, a preocupação materna primária é um estado sem sujeito. Isso deve ser assim porque a presença sentida da mãe-como-sujeito rasgaria o delicado tecido do continuar a ser do bebê. Na preocupação materna primária, não existe algo como uma mãe. A mãe "sente a si mesma no lugar do bebê" (Winnicott, 1956, p. 304) e assim remove-se não apenas da experiência que o bebê tem dela, mas também, em grande medida, da experiência que ela tem de si própria. Este estado é "quase uma doença" (p. 302) – "uma mulher deve ser saudável tanto para desenvolver este estado quanto para recuperar-se dele quando o bebê a liberar" (p. 302).

Uma das principais funções do *holding* físico e psicológico inicial da mãe inclui o isolamento do bebê em seu estado de continuar a ser da alteridade implacável, inalterável do tempo. Quando falo da alteridade do tempo, estou me referindo à experiência do bebê do "tempo fabricado pelo homem": o tempo de relógios e calendários, da alimentação a cada quatro horas, dos fins de semana, do tempo de ocorrência dos marcos de maturação descritos nos livros de desenvolvimento do bebê, e assim por diante. O tempo em todas essas formas é uma invenção humana (mesmo a ideia de dia e noite) que nada tem a ver com a experiência do bebê; o tempo é diferente para ele em um estágio no qual a consciência do "não eu" é insuportável e perturbadora de sua continuidade de ser.

Em seu *holding* mais precoce do bebê, a mãe, com um alto custo emocional para si mesma, absorve o impacto do tempo (por exemplo, privando-se do tempo de sono que necessita, do tempo que necessita para renovação emocional oriunda de estar com outrem que não o bebê, e do tempo que necessita para fazer alguma coisa sozinha que não envolva o bebê). Com efeito, o *holding* mais precoce da mãe envolve sua participação na sensação de tempo do bebê, deste modo transformando para ele o impacto da alteridade do tempo e criando em seu lugar a ilusão de um mundo no qual o tempo é medido quase totalmente nos termos dos ritmos físicos e psicológicos do bebê. Esses ritmos incluem os ritmos de sua necessidade de sono e de vigília, de sua necessidade de envolvimento com outrem e de sua necessidade de isolamento, os ritmos de fome e saciedade, os ritmos de respiração e batimentos cardíacos.

O *holding* inicial do bebê pela mãe representa uma anulação de si própria em seu esforço inconsciente para não atrapalhar o bebê. A presença discreta dela "provê um ambiente para que a constituição do bebê comece a se evidenciar, as tendências desenvolvimentistas comecem a se desdobrar e o bebê experimente um movimento espontâneo e torne-se o detentor das sensações que são apropriadas a esta fase inicial da vida" (Winnicott, 1956, p. 303). O risco de psicose da mãe ao prover abnegada "sustentação humana, viva" (Winnicott, 1955, p. 147) permite ao bebê correr seu próprio risco ao começar a se organizar como um *self*. O momento mais precoce de organização "é um momento cru; o novo indivíduo sente-se infinitamente exposto" (1955, p. 148).

Exemplo clínico

Na seguinte descrição clínica, a forma de *holding* recém-descrita desempenha um papel central.

A Srta. R sobressaltou-se quando eu a encontrei na sala de espera para nossa primeira sessão. Ela disse olá sem fazer contato visual, e de uma maneira desajeitada e rígida, caminhou da sala de espera para dentro do consultório. Ela se deitou no divã sem nunca termos conversado sobre ela usar o divã. A Srta. R virou a cabeça para a parede (para longe de mim e da pequena réstia de luz que entrava pelas cortinas fechadas). A paciente expressou abruptamente em amontoados de palavras o fato de que tinha começado a ter ataques de pânico para os quais não identificava uma causa. Ela me contou que não conseguia trabalhar ou ser uma mãe para seus dois filhos adolescentes. Quase de passagem, ela me contou que sua mãe tinha morrido seis meses antes – "Ela estava velha e doente e foi melhor assim".

Quando eu fazia um comentário ou uma pergunta nas primeiras fases desta análise, a paciente se assustava da mesma forma como tinha acontecido na sala de espera quando nos encontramos pela primeira vez. Não comentei sobre esse comportamento e rapidamente aprendi a não dizer quase nada durante as sessões. Até o som de meus movimentos na cadeira eram experimentados pela paciente quase como se eu tivesse a esbofeteado.

Era necessário que eu ficasse o mais quieto e silencioso possível para que a Srta. R tolerasse estar comigo. A paciente, sentindo minha quietude (exceto pelo som e movimento de minha respiração), relaxou perceptivelmente no decorrer das primeiras sessões e parou de falar completamente durante nossos encontros posteriores. Eu não senti a necessidade de permanecer o mais quieto possível como resultado do domínio tirânico da paciente; em vez disso, estar com ela lembrou-me de estar sentado no quarto de meu filho mais moço quando ele tinha 3 anos enquanto ele intermitentemente tentava voltar a dormir depois de ter sido acordado por um pesadelo.

Ao contrário de sentir-me explorado pela Srta. R (ou por meu filho), eu sentia que minha presença era como um bálsamo sobre uma queimadura. Enquanto estava com a paciente durante um período prolongado de silêncio, recordei-me de que quando meu filho começava a relaxar para voltar a dormir, seu ritmo de respiração e o meu tornavam-se iguais. Em meu estado semiadormecido em uma das noites em que estava sentado com ele, tive sonhos nos quais minha esposa e meus filhos tinham desaparecido. Os sonhos pareciam tão reais que levei algum tempo depois de desperto para reconhecê-los como sonhos.

Em retrospectiva, acredito que durante aquelas noites com meu filho eu estava inconscientemente entrando em harmonia com ele, física e psicologicamente, respirando em seu ritmo de respiração, sonhando seus medos. As horas passadas ao lado da cama dele permanecem comigo como experiências delicadas, perturbadoras. Na sessão com a Srta. R, quando me recordei daquele período de sentar com meu filho caçula, um verso de um poema de Seamus Heaney (1984) me veio à cabeça: "Jamais tão perto pelo resto de nossas vidas" (p. 285). Senti que a paciente precisava de mim o que meu filho pequeno tinha precisado. Eu estava disposto a ser usado daquela maneira pela Srta. R quando ela foi capaz de correr o risco de me usar com tamanha profundeza.

No devaneio que incluiu os pensamentos sobre meu filho e o verso do poema de Heaney, eu estava pré-conscientemente conversando comigo mesmo sobre a experiência de abnegada sustentação que a Srta. R necessitava. Foi tanto uma experiência física (para mim e, acredito, para ela) quanto psicológica.

A coleta de pedaços

À medida que o bebê cresce, a função do *holding* muda da de salvaguarda do tecido do continuar a ser do bebê para a da sustentação ao longo do tempo dos modos de estar vivo mais relacionados ao objeto. Uma dessas formas posteriores do *holding* envolve a provisão de um "lugar" (um estado psicológico) no qual o bebê (ou paciente) possa se organizar. Winnicott fala da experiência muito comum do paciente que se põe a contar todos os detalhes do fim de semana e se sente satisfeito se no fim tudo tiver sido dito, ainda que o analista sinta que nenhuma elaboração analítica foi feita. Às vezes devemos interpretar isso como a necessidade do paciente de ser conhecido em todos os seus pedaços e partes por uma pessoa, o analista. Ser conhecido é sentir-se integrado ao menos na pessoa do analista. Essa é a substância comum da vida do bebê, e um bebê que não tem ninguém para juntar esses pedaços começa com uma desvantagem em sua própria tarefa de autointegração, e talvez não possa ser bem-sucedido, ou de qualquer forma não possa manter a integração com confiança.

(1945, p. 150)

Aqui, o tipo mais precoce de *holding* físico/emocional deu lugar ao *holding* metafórico, a provisão de espaço psicológico que depende do analista ser capaz de tolerar o sentimento de que "nenhuma elaboração analítica foi feita". Em seu modo de utilizar a linguagem, Winnicott demonstra o que tem em mente. Ao dizer, "às vezes devemos interpretar isso como a necessidade do paciente de ser conhecido em todos os seus pedaços e partes por uma pessoa, o analista", Winnicott está utilizando a palavra "interpretar" com o significado *não de dar interpretações ao paciente*, mas, em vez disso, simplesmente, ser ininterruptamente aquele lugar humano no qual o paciente está se tornando inteiro.

Este tipo de *holding* é sobretudo um estado discreto de "reunir-se em um lugar" que tem tanto uma dimensão psicológica como física. Existe uma silenciosa qualidade de *self* e de alteridade neste estado de estar em um lugar que não faz parte da experiência anterior do bebê de "continuar a ser" (enquanto está nos braços da mãe em seu estado de preocupação materna primária).

Internalização do ambiente de sustentação

A experiência dos fenômenos transicionais (Winnicott, 1951), assim como a capacidade de estar só (Winnicott, 1958), podem ser consideradas como facetas do processo de internalização da função materna de sustentar uma situação emocional no tempo. Nos fenômenos transicionais, a situação que está acontecendo envolve a criação de uma "*experiência ilusória*" (Winnicott, 1951, p. 231, em itálico no original) na qual existe uma suspensão da questão: "'*Você concebeu isso ou isso lhe foi apresentado de fora?' O ponto importante é que nenhuma decisão sobre isso é esperada. A pergunta não deve ser formulada*" (Winnicott, 1951, p. 239-240).

Winnicott vê esta terceira área da experiência – a área entre fantasia e realidade – não simplesmente como a raiz do simbolismo, mas como "a raiz do simbolismo no tempo" (1951, p. 234). O tempo está chegando para portar a marca do mundo externo que está fora do controle da criança, e ao mesmo tempo ser uma extensão dos próprios ritmos corporais e psicológicos da criança. Quando o estado psicológico da criança (seja em consequência de composição constitucional e/ou de trauma) é tal que ela não consegue tolerar o medo evocado pela ausência de sua mãe, o delicado equilíbrio da sensação de simultaneamente criar e descobrir seus objetos desmorona e é substituído pela fantasia onipotente. Esta não apenas impede o desenvolvimento da simbolização e a capacidade de reconhecer e fazer uso dos objetos externos, como envolve uma recusa em aceitar a externalidade do tempo. Consequentemente, a experiência de estar vivo não é mais contínua; ela ocorre em rajadas desconexas: a magia é uma sequência de fenômenos instantâneos.

A capacidade de estar só, como o desenvolvimento dos fenômenos transicionais, envolve a internalização da mãe ambiental que sustenta uma situação no tempo. A experiência mais fundamental que subjaz o estabelecimento da capacidade de estar só é *"aquela de estar sozinho, como um bebê e uma criança pequena na presença da mãe [ambiental]"* (Winnicott, 1958, p. 30, itálico no original). Aqui, é a função da mãe como *holding* ambiente (em oposição à mãe como *holding* objeto) que está no processo de ser assumida pelo bebê ou criança. Este desenvolvimento não deve ser confundido com a conquista da constância objetal ou permanência do objeto, ambas as quais envolvem a formação de representações mentais da mãe como objeto. Winnicott, ao descrever o desenvolvimento da capacidade de estar só, está abordando algo mais sutil: a criança assumindo o comando da função materna de *holding* ambiental, de forma a criar a matriz de sua mente, um ambiente de *holding* interno.

Holding da posição depressiva

A natureza do conceito de *holding* de Winnicott que esteve implícita nas formas de sustentação que discuti até aqui poderia ser considerada como precursora emocional da posição depressiva como Winnicott a concebe. Para Winnicott (1954a), a posição depressiva envolve sustentar por si mesmo uma situação emocional no decorrer do tempo. Uma vez atingido o *"status* de unidade" (p. 269), o bebê é um indivíduo com um lado de dentro e um lado de fora. A situação de alimentação neste ponto envolve o medo do bebê ou da criança pequena de que no ato de alimentação, ela está exaurindo a mãe (concretamente, que ela está fazendo um buraco na mãe ou no seio). (A criança, na verdade, vem exaurindo a mãe o tempo todo como consequência da tensão física e emocional envolvida no fato de ela engravidar, dar à luz e cuidar dela enquanto bebê.) "Todo o tempo [durante a alimentação e o processo digestivo que se segue], a mãe está sustentando a situação no tempo" (p. 269).

Durante o período de digerir a experiência da alimentação, o bebê ou a criança pequena está fazendo o trabalho psicológico de reconhecer o preço que sua alimentação (literal e metafórica) está cobrando de sua mãe (agora cada vez mais separada). "Esta elaboração [psíquica de seu sentimento de ter danificado sua mãe] leva tempo e o bebê só pode esperar o resultado [em um estado psicológico no qual ele está] passivamente entregue ao que está acontecendo do lado de dentro" (p. 269).

Com o tempo, se o bebê ou a criança tiver sido capaz dessa elaboração psicológica, e se a mãe tiver sido capaz de manter a situação ao longo do tempo, o bebê produz um movimento intestinal metafórico (e às vezes também real). Um bebê ou uma criança cujo presente é reconhecido e recebido por sua mãe "agora está em uma posição de fazer alguma coisa sobre aquele buraco [fantasiado], o buraco no seio ou no corpo [da mãe]... O gesto do presente pode chegar ao buraco, se a mãe fizer a sua parte [sustentando a situação no tempo, reconhecendo o presente como um gesto de reparação, e aceitando-o como tal]" (p. 270).

O *holding* da posição depressiva envolve o reconhecimento da mãe do "*status* de unidade" do bebê (seu vir a ser como pessoa separada), a capacidade dela de tolerar sua separação dele e psiquicamente sustentar (viver com) a verdade da mudança de *status* do bebê e dela própria em relação um ao outro. Ela não é mais o mundo inteiro do bebê, e essa perda encerra grande sofrimento (e também alívio) para ela. A situação emocional é criativamente destrutiva no sentido de que o bebê arrisca destruir a mãe (fazendo um buraco nela) no ato de tirar dela o que necessita para ser posteriormente capaz de se alimentar (isto é, tornar-se uma pessoa separada dela).

No *holding* da posição depressiva, a criança está se tornando um sujeito por si mesmo no contexto de um sentido de tempo que é absolutamente diferente para ela. A criança reconhece que ela não pode fazer as pessoas se moverem mais rápido do que o fazem espontaneamente e, tampouco, pode encurtar o tempo que ela precisa esperar pelo que precisa ou quer. O *holding* da posição depressiva sustenta a experiência individual de uma forma de ser que está continuamente se transformando – uma experiência de continuarmos sendo quem somos no decorrer do tempo e do fluxo emocional no ato de nos tornarmos quem somos de uma forma anteriormente desconhecida, mas de certo modo vagamente percebida.

II O continente-contido

Como é verdade em relação ao *holding* de Winnicott, o *continente-contido* de Bion (1962a, 1962b, 1970) está intimamente ligado a sua contribuição mais importante para a psicanálise. A ideia do *continente-contido* trata não do que pensamos, mas de como pensamos, ou seja, como processamos a experiência vivida e o que ocorre psiquicamente quando somos incapazes de fazer um trabalho psicológico com aquela experiência.

A função psicanalítica da personalidade

Essencial ao pensamento de Bion, e uma pedra fundamental para seu conceito de continente-contido, é uma ideia raramente abordada nas discussões de seu trabalho: "a função psicanalítica da personalidade" (1962a, p. 89). Ao introduzir esse termo, Bion está sugerindo que a personalidade humana está constitucionalmente equipada com um potencial para um conjunto de operações mentais que cumprem a função de realizar um trabalho psicológico consciente e inconsciente sobre a experiência emocional (um processo que resulta em crescimento psíquico). Além disso, ao chamar essas operações formais de "psicanalíticas", Bion está indicando que essa elaboração psicológica é realizada por meio daquela forma de pensamento que é definidora da psicanálise, isto é, considerar a experiência simultaneamente dos pontos de vista da mente consciente e inconsciente. A manifestação quintessencial da função psicanalítica da personalidade é a experiência de sonhar. Sonhar envolve uma forma de trabalho psicológico no qual se estabelece um diálogo gerativo entre aspectos pré-conscientes da mente e pensamentos, sentimentos e fantasias perturbadores que são excluídos da atenção consciente, ainda que pressionem nesta direção (o inconsciente dinâmico). Isso se aplica a todo ser humano que alcançou a diferenciação da mente consciente e inconsciente independente da época em que esteja vivendo ou das circunstâncias de sua vida.

De certa perspectiva, a proposta de Bion de uma função psicanalítica da personalidade é impressionante. Será que ele realmente queria dizer que o sistema da personalidade dos seres humanos como sujeitos autoconscientes está de alguma forma projetado para realizar as funções descritas por um modelo da mente do final do século XIX/início do século XX? A resposta, surpreendentemente, é afirmativa: para Bion (1970), a psicanálise antes de Freud era um pensamento sem um pensador, um pensamento esperando um pensador para concebê-lo como um pensamento. O que chamamos de psicanálise é uma ideia que aconteceu de ser pensada por Freud, mas que tinha estado presente na psique humana por milênios antes da "descoberta" de Freud (Bion, 1970; Ogden, 2003b).[1]

Pensamentos oníricos e sonhos

Para situar o conceito de continente-contido de Bion em relação ao corpo mais amplo de seu pensamento, é necessário compreender a concepção dele do papel do sonhar na vida psicológica (ver Capítulo 4 para uma discussão clínica e teórica da concepção de Bion do sonhar). Para Bion, sonhar ocorre tanto durante o sono quanto na vigília: *"Freud* [1933] *diz que Aristóteles afirma que um sonho é o modo como a mente funciona no sono: eu digo que é o modo como ela funciona na vigília"* (Bion, 1959c, p. 43). O pensamento onírico é um pensamento inconsciente gerado em resposta à experiência emocional vivida e constitui o ímpeto para a elaboração do sonhar, isto é, o ímpeto para fazer o trabalho psicológico inconsciente derivado da experiência emocional vivida.

A concepção de Bion (1962a) do trabalho do sonhar é o oposto do "trabalho do sonho" de Freud (1900). Este último refere-se ao conjunto de operações mentais que servem para disfarçar pensamentos oníricos inconscientes por meios como condensação e deslocamento. Assim, de forma derivativa/disfarçada, os pensamentos oníricos inconscientes são disponibilizados à consciência e ao pensamento de processo secundário. Em contraste, o trabalho do sonhar de Bion é aquele conjunto de operações mentais que permite que a experiência consciente vivida seja alterada de tal forma que se torne disponível para o inconsciente para elaboração psicológica (sonhar). Em resumo, o trabalho do sonho de Freud permite que derivativos do inconsciente tornem-se conscientes, ao passo que o trabalho do sonhar de Bion permite que a experiência vivida consciente torne-se inconsciente (isto é, disponível para o inconsciente para a elaboração psicológica de gerar pensamentos oníricos e para o sonhar desses pensamentos).

Algumas definições experimentais

Assim, básica ao pensamento de Bion é a ideia de que sonhar é a forma primária na qual nós realizamos trabalho psicológico inconsciente com nossa experiência vivida. Esta perspectiva, como veremos, é essencial ao conceito de continente-contido. Iniciarei a discussão desta ideia pela definição experimental do continente e do contido.

O "continente" não é uma coisa, mas um processo. É a capacidade para o trabalho psicológico de sonhar, operando em conjunção com a capacidade de pensamento pré-consciente semelhante ao sonho (devaneio), e a capacidade para pensamento de processo secundário plenamente consciente. Embora todos esses três tipos de pensamento – sonhar inconsciente, devaneio pré-consciente e reflexão consciente – estejam envolvidos na função de contenção da mente, Bion considera o trabalho inconsciente do sonhar como um trabalho que é de importância primordial para efetuar mudança e crescimento psicológico. Bion (1978) exorta o analista a não "predispor-se em favor de um estado mental no qual estamos quando despertos [quando comparado ao estado mental em que estamos quando dormimos]" (p. 134). Em outras palavras, para Bion, o estado de estar desperto é imensamente supervalorizado.

O "contido", como o continente, não é algo estático, mas um processo vivo que na saúde está continuamente se expandindo e mudando. O termo refere-se aos pensamentos (no sentido mais amplo da palavra) e sentimentos que estão no processo de serem derivados de nossa experiência emocional vivida. Enquanto sentimentos e pensamentos conscientes e pré-conscientes constituem aspectos do contido, a noção de Bion do contido dá ênfase primordial aos pensamentos inconscientes.

Os mais elementares dos pensamentos que constituem o contido são as "impressões sensórias brutas relacionadas a uma experiência emocional" (Bion, 1962a, p. 17) que Bion (1962a) chama de "elementos-beta" (p. 8). Não encontrei melhores palavras para descrever esses pensamentos nascentes do que os utilizados em um poema de Edgar Alan Poe (1848): elementos-beta podem ser pensados como "pensamentos do tipo não pensados que são as almas do pensamento" (p. 80). [2] Estes pensamentos mais básicos – pensamentos que não podem ser ligados entre si – constituem a única conexão entre a mente e nossa experiência emocional vivida no mundo da realidade externa. Esses pensamentos tipo não pensados (elementos-beta) são transformados pela "função-alfa" (um conjunto até então desconhecido de operações mentais) em elementos da experiência ("elementos-alfa") que podem ser ligados no processo de sonhar, pensar e recordar. (As "almas" dos elementos-alfa são as impressões sensórias derivadas das experiências emocionais vividas.)

A linhagem do conceito de continente-contido

Tendo iniciado a discussão sobre continente-contido pela definição de continente e de contido, irei traçar sucintamente o desenvolvimento das ideias de Bion concernentes à interação de pensamentos e pensar, de pensamentos oníricos e sonhar.

Em seu trabalho psicanalítico inicial, *Experiências em grupos* (1959b), Bion introduziu a ideia de que pensamentos ("supostos básicos" inconscientes compartilhados) têm o poder de destruir a capacidade de um grupo para pensar. Bion, em seus ensaios que se encontram reunidos em *Second thoughts** (1967), particularmente em "Attacks on linking" (1959a) e "A theory of thinking" (1962b), elaborou a ideia de que os pensamentos podem destruir a capacidade para pensar. Ali, Bion apresentou a ideia de que no início (da vida e da análise) é preciso duas pessoas para pensar. (Em total contraste com Winnicott – que é sempre o pediatra – para Bion, suas ideias/especulações

---

*N. de T. Publicado no Brasil sob o título *Estudos psicanalíticos revisados* (Rio de Janeiro: Imago, 1994).

referentes aos eventos psicológicos que ocorrem no relacionamento mãe-bebê são apenas metáforas – "sinais" [Bion, 1962a, p. 96) – que ele acha úteis na construção de um "modelo" [p. 96] para o que ocorre em um nível inconsciente da análise no relacionamento analítico.)

O relacionamento mãe-bebê metafórico que Bion (1962a, 1962b) propõe está alicerçado em sua própria revisão do conceito kleiniano de identificação projetiva: o bebê projeta na mãe (que, quando saudável, está em um estado de devaneio) a experiência emocional que ele é incapaz de processar sozinho, dada a natureza rudimentar de sua capacidade para a função-alfa. A mãe realiza o trabalho psicológico inconsciente de sonhar a experiência insuportável do bebê e a disponibiliza para ele de uma forma que ele seja capaz de utilizar ao sonhar sua própria experiência.

Uma mãe que é incapaz de estar emocionalmente disponível para o bebê (uma mãe incapaz de devaneio) devolve ao bebê seus pensamentos intoleráveis de uma forma destituída de qualquer significado que tinham anteriormente. Os medos projetados do bebê sob estas circunstâncias são devolvidos a ele como "pavor sem nome" (1962a, p. 96). A experiência do bebê ou da criança da incapacidade da mãe de conter seu estado emocional projetado é internalizada como uma forma de pensamento (mais precisamente, uma inversão do pensamento) caracterizada por ataques ao próprio processo pelo qual o significado é atribuído à experiência (função-alfa) e a ligação de pensamentos oníricos no processo de sonhar e pensar (Bion, 1959a, 1962a, 1962b).

Transferindo o centro da teoria e da prática psicanalíticas

Quando o relacionamento de continente (a capacidade de sonhar, tanto no sono quanto na vigília) e contido (pensamentos inconscientes derivados da experiência emocional vivida) é de "mútuo benefício e sem dano a nenhum dos dois" (Bion, 1962a, p. 91), o crescimento ocorre tanto no continente quanto no contido. Em relação ao continente, o crescimento envolve um aumento da capacidade de sonhar a própria experiência, isto é, a capacidade de realizar trabalho psicológico (predominantemente inconsciente). A expansão da capacidade de continência no *setting* analítico pode ocorrer na forma de o paciente começar a lembrar de sonhos aos quais ele e o analista fazem associações – associações que parecem reais e expressivas do que está acontecendo inconscientemente no relacionamento analítico. Para outro paciente, a expansão da capacidade de sonhar pode estar refletida em uma diminuição da sintomatologia psicossomática ou do comportamento perverso em conjunção com um aumento na capacidade do paciente de experienciar sentimentos e ter curiosidade sobre eles. Ainda para outro paciente, o aumento da função continente pode se manifestar na cessação de pesadelos pós-traumáticos repetitivos (que não realizam trabalho psicológico [Ogden, 2004b]).

O crescimento do contido se reflete na expansão da extensão e profundidade dos pensamentos e sentimentos que somos capazes de derivar de nossa experiência emocional. Este crescimento envolve um aumento na "penetrabilidade" (Bion, 1962a, p. 93) de nossos pensamentos, isto é, uma tolerância "para suportar incertezas, mistérios, sem uma busca irritável por fato e razão" (Keats, 1817, citado por Bion, 1970, p. 125). Em outras palavras, o contido cresce ao tornar-se mais capaz de abarcar a plena complexidade da situação emocional da qual ele deriva. Uma forma da experiência de crescimento do contido envolve a descoberta pelo paciente de que uma experiência passada adquire um significado emocional que não tinha anteriormente. Por exemplo, no terceiro ano de análise, um analisando sentiu pela primeira vez que era estranho, e doloroso, "recordar" que seus pais não o tinham visitado durante a hospitalização de três meses depois de um surto psicótico na época em que ele estava na faculdade. (Poder-se-ia argumentar sensatamente que o novo significado do evento lembrado representa o crescimento, não do contido, mas do continente – a capacidade de sonhar a experiência. Creio que os dois modos de pensar sobre o exemplo clínico são válidos: em toda instância de crescimento psicológico existe crescimento tanto do continente quanto do contido. Além disso, ao tentar diferenciar continente e contido na prática clínica, constato regularmente que os dois se apresentam em um relacionamento de figura e fundo reversível um com o outro.)

Em circunstâncias patológicas, o continente pode tornar-se destruidor para o contido resultando em uma constrição da extensão e da profundidade dos pensamentos que podem ser pensados. Por exemplo, o continente pode sugar a vida do contido, assim deixando cascas vazias do que poderiam ter-se tornado pensamentos oníricos. Por exemplo, continência patológica ocorre no trabalho analítico com um paciente que torna sem sentido as intervenções do analista (o contido) respondendo reflexamente com comentários do tipo: "De que adianta isso para mim?" ou "Diga-me algo que eu ainda não sei", ou "De que livro de psicologia você tirou isso?"

Outra forma de continência patológica ocorreu na análise de um paciente esquizofrênico que descrevi anteriormente (Ogden, 1980). Durante o período inicial daquela análise, o paciente imitava tudo que eu dizia e fazia, não apenas repetindo minhas palavras enquanto eu as falava, mas replicando meu tom de voz, expressões faciais e movimentos corporais. O efeito em mim era poderoso: a imitação servia para remover sentimentos de realidade e identidade própria de praticamente todo aspecto de minha mente e corpo. O paciente estava me submetendo a uma forma tirânica de continência que me fez sentir que eu estava perdendo minha cabeça e meu corpo. Posteriormente na análise, quando uma forma mais saudável de continência tinha sido realizada, esta continência patológica foi compreendida como replicação (imitação) do sentimento inconsciente do paciente de sua mãe ter assumido o comando de sua mente e corpo, não lhe deixando nada próprio seu que parecesse real e vivo.

Ainda um outro tipo de continência patológica assume a forma de um tipo de "sonho", que, como um câncer, parece preencher o espaço onírico e o espaço analítico com imagens e narrativas que são inutilizáveis para elaboração psicológica. Pensamentos oníricos potenciais proliferam-se promiscuamente até que cheguem ao ponto de afogar o sonhador (e o analista) em um mar de imagens e narrativas sem sentido. Os "sonhos" produzidos dessa forma incluem "sonhos" que parecem um fluxo desconexo de imagens: "sonhos" prolongados que preenchem toda a sessão a ponto de comprometer seriamente o potencial para devaneio e pensamento reflexivo; e um fluxo de "sonhos" sonhados durante meses ou anos que não suscitam quaisquer associações significativas por parte do paciente ou do analista.

Inversamente, o contido pode sobrecarregar e destruir o continente. Por exemplo, um pesadelo pode ser considerado um sonho no qual o pensamento onírico (o contido) é tão perturbador que a capacidade de sonhar (o continente) colapsa e o sonhador acorda assustado (Ogden, 2004b). De modo análogo, interrupções no brincar representam instâncias em que os pensamentos inconscientes sobrepujam a capacidade de brincar.

O conceito de Bion de continente-contido expande o foco de atenção no *setting* analítico além da exploração do conflito entre conjuntos de pensamentos e sentimentos (por exemplo, amor e ódio do rival edipiano; o desejo de estar em harmonia com nossa mãe e o medo da perda de identidade que isso envolveria; o desejo e a necessidade de tornar-se um sujeito separado e o medo da solidão e do isolamento que isso envolveria, e assim por diante). Nas mãos de Bion, a preocupação central da psicanálise é a interação dinâmica entre, por um lado, pensamentos e sentimentos derivados da experiência emocional vivida (o contido) e, por outro, a capacidade de sonhar e pensar esses pensamentos (o continente).

Dessa perspectiva, o objetivo primordial da psicanálise não é o de facilitar a resolução do conflito inconsciente e, sim, facilitar o crescimento do continente-contido. Em outras palavras, a tarefa do analista é criar condições no *setting* analítico que permitam o mútuo crescimento do continente (a capacidade de sonhar) e do contido (pensamentos e sentimentos derivados da experiência vivida). À medida que o analisando desenvolve a capacidade de produzir uma extensão e profundidade mais completa de pensamentos e sentimentos em resposta a sua experiência (passada e presente) e sonhar esses pensamentos (fazer trabalho psicológico com eles), ele não precisa mais da ajuda do analista para sonhar sua experiência. O fim de uma análise não é medido principalmente pelo grau de resolução do conflito inconsciente (que foi revivido na transferência-contratransferência), mas pelo grau em que o paciente é capaz de sonhar sua experiência emocional vivida por sua própria conta.

Em suma, continente e contido, na saúde, são plenamente dependentes um do outro: a capacidade de sonhar (o continente) requer pensamentos oníricos; e pensamentos oníricos (o contido) requerem a capacidade de sonhar. Sem pensamentos oníricos não temos experiência vivida para sonhar; e sem a capacidade de sonhar, não podemos trabalhar psicologicamente nossa experiência emocional (e, consequentemente, somos incapazes de estar vivos para aquela experiência).

Ilustração clínica

O exemplo clínico a seguir serve para ilustrar como eu utilizo o conceito de continente-contido na prática analítica.

A Srta. N começou suas sessões diárias regularmente contando-me detalhadamente sobre um incidente no dia anterior no qual ela fez uso de algo que eu havia dito em sessões recentes. Ela então fez uma pausa, esperando que eu lhe dissesse que ela havia utilizado muito bem os *insights* que ela tinha obtido em nosso trabalho analítico. Enquanto a paciente esperava que eu dissesse as minhas falas, eu sentia uma espécie de raiva que aumentou ao longo dos anos em que trabalhamos juntos.

Até minha raiva não parecia ser minha própria obra pois a paciente estava plenamente ciente do efeito enlouquecedor que seu roteiro controlador tinha sobre mim. ("Roteiro" e "fornecer as minhas falas" eram metáforas que eu e a Srta. N tínhamos criado para aludir a suas tentativas de eliminar de sua consciência a separação de nossas mentes e de nossas vidas. As metáforas também se referiam ao sentimento da paciente de que sua mãe a havia tratado como uma extensão de si mesma. Talvez num esforço para se separar de sua mãe psiquicamente, a paciente desenvolveu anorexia nervosa na adolescência; o transtorno continuou desempenhando um papel importante em sua vida daquele momento em diante.)

A Srta. N fazia compras como forma de dissipar sentimentos de vazio e solidão. Ela se envolvia com vendedoras em lojas de roupas caras em uma espécie de teatro. A paciente dirigia uma cena na qual ela experimentava roupas e a vendedora lhe dizia, de uma forma maternal, como ela ficava bonita.

No oitavo ano de análise, a Srta. N começou uma sessão contando-me um sonho: "Eu estava em uma loja de departamentos que parecia cavernosa. Uma voz metálica (*tinny*) vinda do sistema de alto-falantes estava dando instruções não apenas para os funcionários, mas também para os clientes. Havia tanta coisa que eu queria comprar. Havia um par de adoráveis brincos de diamante expostos em uma caixa forrada de cetim macio – eles pareciam dois ovos pequeninos (*tiny*) em um ninho de passarinho. Consegui sair da loja sem comprar nada".

Meu primeiro impulso foi reagir ao sonho como mais uma tentativa da paciente de me fazer dizer minhas falas, ou se não conseguisse isso, provocar interpretações com matizes de raiva de minha parte. Mas havia algo sutilmente diferente sobre o sonho e o modo como a paciente o contou para mim. Pareceu-me que no meio de uma repetição compulsiva de um padrão bem conhecido de relação, algo irrompeu quando a Srta. N descreveu os brincos. Seu tom de voz tornou-se menos cantarolado e sua fala ficou mais lenta como estivesse delicadamente colocando os dois ovos pequeninos no ninho de passarinho. E então, como se aquele momento de suavidade jamais tivesse ocorrido, a Srta. N, de maneira triunfal, "completou" a narrativa de seus sonho: "Consegui sair da loja sem comprar nada". Pareceu-me que neste comentário final havia uma expectativa de que eu parabenizasse a paciente pelo que fez. Ao mesmo tempo, em um nível mais inconsciente, sua última declaração teve o efeito de um anúncio de seu controle absoluto sobre a situação analítica, um controle que garantiria que ela sairia de meu consultório sendo a mesma pessoa que era quando entrou (tendo "conseguido sair sem comprar nada").

Nos poucos momentos durante e logo depois de a Srta. N me contar o sonho, lembrei-me de ter saído para fazer compras com meu amigo mais íntimo, J, alguns anos depois de termos concluído a faculdade. Estávamos procurando um anel de noivado para ele dar à mulher com quem ele estava vivendo. Nenhum de nós sabia nada sobre diamantes – ou qualquer outro tipo de jóia. Esta "experiência de comprar" estava repleta de sentimentos de afeto e proximidade, mas ao mesmo tempo eu estava consciente de que, de certa forma, eu estava participando de um evento (o processo de J casar-se) que eu temia que mudaria (ou talvez até terminaria) nossa amizade como ela existia até aquele momento.

De forma um tanto inesperada, vi-me perguntando à Srta. N: "Por que você não comprou os brincos que genuinamente achou tão bonitos?" Levei alguns momentos para perceber que eu estava falando de um modo que tratava o sonho dela como um evento real no mundo da realidade externa. Pude ouvir em minha voz que eu não estava reagindo ao aspecto provocativo do sonho da paciente com uma raiva própria minha. Minha pergunta foi surpreendente ainda noutro sentido: as coisas que a paciente tinha comprado no passado nunca tinham tido significado simbólico ou valor estético para ela – elas eram meras escoras em um drama transferencial-contratransferencial encenado com as vendedoras e comigo.

A combinação de minha resposta ao drama como um evento real e o som de minha voz, quando perguntei à Srta. N por que ela não tinha comprado os brincos, não passou desapercebida pela paciente. Ela pausou por quase um minuto – o que já era muito inusual para ela – e então respondeu (como se o sonho fosse um evento real) dizendo: "Não sei. A ideia nunca me ocorreu".

A constante recusa/incapacidade da Srta. N de fazer uso de praticamente todas as coisas que eu tinha para dizer poderia ser considerada como seu uso de uma forma de continência patológica. O "roteiro" que eu devia seguir para ler minhas falas (enquanto ela dirigia a peça) era o contrário de um tipo de pensamento que facilita o trabalho psicológico inconsciente. Nada original poderia surgir disso; nenhum pensamento novo poderia ser produzido. Sua função de continência patológica até aquele ponto havia consistido basicamente de uma forma de "sonhar" na qual a paciente inconscientemente despojava-se de qualidades humanas (que ela experienciava como fragilidades) tais como apetite por comida, desejo sexual e a necessidade de uma ligação emocional genuína com outras pessoas.

No sonho, a função de continência patológica tinha se tornado o contido – a voz (inumana) *tinny* (metálica) vinda do "sistema de alto-falantes" mecânico que dava instruções a todos os presentes. Meu primeiro impulso tinha sido responder reflexamente ao sonho da Srta. N como se ele não fosse diferente de qualquer uma das centenas de outras ocasiões em que ela tinha me contado um sonho que não era um sonho. Contudo, o tom de voz da paciente ao me contar a parte de seu sonho que envolvia os brincos, assim como o conteúdo das imagens daquela parte do sonho, refletia o fato de que ela estava começando a ser capaz de conter (isto é, a sonhar genuinamente sua experiência emocional), o que facilitava minha própria capacidade para sonhar em vigília pré-consciente (devaneio).

Meu devaneio de sair com J para comprar um anel serviu como uma nova forma de continência que não era hostil ao contido, isto é, à paciente da forma como eu a estava experienciando. Minha experiência de devaneio, que envolvia sentimentos de afeto, ciúmes e medo da perda, poderia ser considerada como uma forma de eu participar no sonhar o sonho não sonhado da paciente (Ogden, 2004b), isto é, minha participação em seu sonhar sua experiência de uma maneira não desumanizadora.

Meu devaneio levara-me a fazer uma pergunta de uma maneira não planejada: "Por que você não comprou os brincos que genuinamente achou tão bonitos?" Essa pergunta refletiu o fato de que eu não tinha simplesmente participado no sonhar da experiência anteriormente insonhável da paciente, eu momentaneamente tornei-me uma figura no sonho que nós dois estávamos sonhando na sessão. Além disso, o tom de voz no qual eu falei com a Srta. N expressou o fato de que uma mudança tinha acontecido em meu modo de experienciar (conter) o estado emocional da paciente. As palavras que eu falei espontaneamente eram exatamente o contrário de um conjunto de "falas" (palavras vazias) que tivessem sido extraídas de mim. Consequentemente, elas podiam ser dadas a ela. (Não podemos dar uma coisa a alguém que está tentando roubar a própria coisa que gostaríamos de dar.) Parece-me em retrospectiva que meu ato de "fazer/soltar a pergunta" refletiu o fato de que eu inconscientemente, pela primeira vez, estava sendo capaz de sonhar (conter) o germe de uma experiência edipiana amorosa transferencial-contratransferencial com a paciente.

O que eu dei a Srta. N ao fazer a pergunta consistiu de meu reconhecimento de que seu sonhar era de um novo tipo: enterrado na provocação familiar, irrefletida, houve um momento em que a Srta. N estava realmente começando a engajar-se em trabalho psicológico inconsciente autêntico. Esse trabalho envolvia uma fantasia inconsciente de nós dois tendo lindos (amados) bebês (os filhotes de passarinho no ninho) que seriam tratados com a maior ternura e carinho. (Somente ao redigir este texto é que me dei conta de que enquanto a Srta. N me contava seu sonho, *tinny* [metálico] tinha se tornado *tiny* [pequenino]). Minha resposta à (continência do) sonho como refletida em minha pergunta serviu para expressar um sentimento de que talvez não fosse mais necessário para a paciente desumanizar reflexamente seus sentimentos emergentes, ainda muito frágeis, de amor por mim.

III Comentários de conclusão

Em seu cerne, o *holding* de Winnicott é uma concepção do papel da mãe/analista na salvaguarda da continuidade da experiência do bebê ou da criança de ser e tornar-se no decorrer do tempo. O desenvolvimento psicológico é um processo em que o bebê ou a criança cada vez mais assume a função da mãe de manter a continuidade de sua experiência de estar vivo. A maturação, dessa perspectiva, envolve o desenvolvimento da capacidade do bebê ou da criança de criar e manter por si mesmo uma sensação de continuidade de seu ser no decorrer do tempo – tempo que cada vez mais reflete um ritmo que é experienciado pelo bebê ou criança como fora de seu controle. Comum a todas as formas de sustentação da continuidade de nosso ser no tempo é o estado emocional baseado em sensações de estar carinhosa e vigorosamente envolto nos braços da mãe. Na saúde, esse núcleo físico/psicológico de sustentação permanece constante durante toda a vida.

Em contraste, o continente-contido de Bion envolve, a cada momento, uma interação emocional dinâmica entre pensamentos oníricos (o contido) e a capacidade de sonhar (o continente). Continente e contido estão em tensão feroz e muscular um com o outro, coexistindo em um estado inquieto de mútua dependência.

O *holding* de Winnicott e o continente-contido de Bion representam vértices analíticos diferentes dos quais podemos ver a mesma experiência analítica. O *holding* refere-se principalmente ao ser e sua relação com o tempo; o continente-contido está essencialmente relacionado ao processamento (sonhar) de pensamentos derivados da experiência emocional vivida. Juntos eles proporcionam uma profundidade "estereoscópica" à compreensão das experiências emocionais que ocorrem no *setting* analítico.

NOTAS

1. Aqui recordo-me de um comentário feito por Borges sobre o direito de posse e cronologia das ideias. Em um prefácio a um volume de seus poemas, Borges (1964) escreveu,

   > Nas páginas a seguir existe um verso ou outro bem-sucedido, o leitor que me perdoe pela audácia de tê-lo escrito antes dele. Somos todos uma coisa só; nossas mentes inconsequentes são muito parecidas, e as circunstâncias nos influenciam de tal forma que é um pouco acidental que você seja o leitor e eu o escritor – o escritor ardente, inseguro – de meus versos [os quais ocasionalmente capturam algo verdadeiro à experiência humana].
   >
   > (p. 269)

2. Sou grato à Dra. Margaret Fulton por chamar minha atenção para o poema de Poe.

8
Sobre a escrita psicanalítica

Por mais de 30 anos, a escrita psicanalítica tem sido um dos prazeres da vida para mim. Seria uma grande satisfação poder oferecer ao leitor um vislumbre da natureza desta experiência e um pouco do que aprendi com ela. Iniciarei delineando o que, a meu ver, é essencial ao gênero literário da escrita analítica. Feito isso, examinarei de perto o modo como a linguagem funciona em uma passagem extraída de minha própria escrita clínica e outra extraída da escrita teórica de Winnicott. Por fim, oferecerei uma série de reflexões sobre a escrita analítica – algumas peculiares a meu estilo próprio de conduzir a escrita, outras atinentes ao que acredito ser verdadeiro para todo bom texto analítico.

I O gênero de escrita analítica

A escrita analítica é um gênero literário que envolve a conjunção de uma interpretação e de uma obra de arte. Penso esta forma de escrita como uma conversação entre uma ideia analítica original (desenvolvida de maneira escolástica) e a criação em palavras de algo semelhante a uma experiência analítica. Toda ideia analítica é uma interpretação no sentido de que trata direta ou indiretamente da relação entre a experiência consciente e inconsciente, e, assim, constitui uma interpretação no sentido analítico. Ao mesmo tempo, a escrita analítica envolve necessariamente a criação de uma obra de arte, pois o escritor precisa utilizar a linguagem de um modo astuto para criar para o leitor *na experiência de leitura* uma sensação não somente dos elementos essenciais de uma experiência analítica que o autor teve com um paciente, como também "a música do que acontece[u]" (Heaney, 1979, p. 173) naquela experiência (isto é, como era estar naquela experiência). (Bion, 1978, parece que tinha algo semelhante em mente quando disse: "Se quisermos fazer uma comunicação científica, também teremos que fazer uma obra de arte" [p. 195]. Ele não desenvolveu mais esta ideia.)

O escritor analítico está constantemente lutando com a realidade de que uma experiência analítica – como todas as outras experiências – não chegam até nós em palavras. Uma experiência não pode ser contada ou escrita; uma experiência é o que é. Não podemos contar ou escrever uma experiência analítica tanto quanto não podemos dizer ou descrever o aroma de café ou o sabor de chocolate (Ogden, 2003b). Quando um paciente conta um sonho da noite anterior, ele não está contando o sonho em si; em vez disso, ele está fazendo uma nova experiência verbalmente simbolizada no ato de (aparentemente) contar a experiência visualmente simbolizada da noite anterior. De modo análogo, quando lemos uma descrição escrita de uma experiência de um analista com um paciente, o que estamos lendo não é a experiência em si, mas a criação do escritor de uma nova experiência (literária) enquanto (aparentemente) escreve a experiência que ele teve com o analisando. Como Bion coloca,

> eu não posso ter tanta confiança em minha capacidade de contar ao leitor o que aconteceu quanto eu tenho em minha capacidade de fazer algo para o leitor [na experiência de leitura] que fizeram para mim. Eu tive uma experiência emocional [com um paciente]; eu sinto confiança em minha capacidade de recriar aquela experiência emocional [na experiência de leitura do leitor], mas não de representá-la.
>
> (1992, p. 219)

Ao criar para o leitor, na experiência de leitura, algo semelhante à experiência que ele teve com o analisando, o escritor analítico vê-se recrutado às tropas de escritores imaginativos. Entretanto, diferente dos escritores de ficção, poesia ou teatro, um autor que escreve no gênero analítico deve manter-se fiel à estrutura fundamental do que realmente ocorreu entre ele e o paciente (da forma como viveu a experiência). O autor analítico está sempre colidindo contra uma verdade paradoxal: a experiência analítica (que não pode ser dita ou escrita) deve ser transformada em "ficção" (uma versão imaginativa de uma experiência em palavras), para que a verdade da experiência seja transmitida ao leitor. Em outras palavras, a escrita analítica, ao transmitir a verdade de uma experiência analítica, "transforma fatos em ficções. É somente quando fatos tornam-se ficções [que]... eles se tornam reais [na experiência da leitura]" (Weinstein, 1998). Ao mesmo tempo, a "ficção" que é criada em palavras deve refletir a realidade do que ocorreu. A experiência daquela realidade permanece viva no escritor analítico não apenas na forma de memória mas, igualmente importante, no modo como ele foi mudado e continua sendo mudado por ela.

Enquanto estou envolvido na escrita analítica, fico o tempo todo indo e voltando entre a experiência analítica que permanece viva em mim e os "personagens" que estou criando ao escrever. Existe uma forma característica do trabalho psicológico/literário envolvido na criação e manutenção de uma conexão viva entre as pessoas reais (o paciente e o analista) e os "personagens" na história escrita, e entre o fluxo da experiência vivida e o "enredo da história" escrita que se desdobra.

Os personagens na história dependem para suas vidas de pessoas reais (o paciente e o analista); e dar vida ao que aconteceu entre essas pessoas no *setting* analítico depende da vitalidade e tridimensionalidade dos personagens criados na história. Manter viva sua conexão tanto com sua experiência vivida com o paciente quanto com sua experiência com os personagens da história exige do escritor analítico um delicado ato de equilíbrio. As pessoas reais e os personagens estão constantemente em perigo de desprender-se em diferentes direções. Quando isso acontece, a história perde toda a vitalidade; os personagens não são mais críveis e o que eles dizem parece artificial. A arte da escrita psicanalítica reside em conseguir sustentar um diálogo vital entre a experiência analítica vivida e a vida da história escrita.

II Uma experiência de escrita clínica

Vou agora examinar uma passagem clínica breve extraída de um de meus textos recentes (Capítulo 1 deste livro) para tentar comunicar algo do processo de pensamento consciente e inconsciente que informou a escrita. A passagem que vou discutir é o parágrafo de abertura de uma apresentação detalhada de uma experiência de análise.

> Alguns dias depois que eu e o Sr. A havíamos marcado uma hora para uma consulta inicial, a secretária dele me telefonou para cancelar o encontro por motivos vagos relacionados a assuntos de trabalho do Sr. A. Ele me telefonou algumas semanas depois para se desculpar pelo cancelamento e pedir para marcar outra hora. Em nossa primeira sessão, o Sr. A, um homem em torno dos 40 anos, me disse que há algum tempo pensava em fazer análise (sua esposa estava em análise na época), mas que ficara adiando isso. Rapidamente acrescentou (como se respondesse à pergunta "terapêutica" esperável): "Não sei porque eu estava com medo da análise". Ele prosseguiu: "Embora minha vida pareça muito boa de fora – sou bem-sucedido profissionalmente, tenho um casamento muito bom e três filhos que amo muito – sinto quase o tempo todo que algo está terrivelmente errado". (A utilização do Sr. A das expressões "medo da análise", "amo muito" e "terrivelmente errado" me pareceram ansiosos esforços inconscientes para fingir sinceridade mas, na verdade, para me dizer quase nada). Eu disse ao Sr. A que ter pedido à sua secretária para falar comigo havia me feito pensar que ele podia achar que sua própria voz e suas próprias palavras pudessem lhe falhar. O Sr. A olhou-me como se eu estivesse maluco e disse: "Não, meu telefone celular não estava funcionando, e para não ter que pagar as tarifas exorbitantes que os hotéis cobram por ligações telefônicas, eu mandei um e-mail à minha secretária pedindo a ela que lhe telefonasse".
>
> (Odgen, 2004b, p.11-12)

Decidir como e por onde começar uma descrição de caso não é uma questão simples. A abertura de uma descrição clínica, quando funciona, tem toda a sensação do inevitável. Ela leva o leitor a sentir: onde mais poder-se--ia começar a contar essa história? O ponto de partida, além de prover um elemento estrutural importante para a história e para o texto como um todo, faz uma declaração implícita significativa sobre o modo de pensar do escritor, os tipos de coisas que ele percebe e valoriza e, em especial, qual do infinito número de momentos críticos nesta experiência humana merece o lugar de honra na narrativa.

No parágrafo de abertura que está sendo discutido, ainda antes do aparecimento do sujeito da primeira frase existe uma cláusula introdutória – "Alguns dias depois que eu e o Sr. A havíamos marcado uma hora para uma consulta inicial" – que discretamente sinaliza o que vai acontecer na descrição clínica como um todo. É feita uma promessa (o acordo de encontrar-se a uma determinada hora e lugar para um determinado propósito) que, na parte seguinte da frase, o paciente quebra. Minha experiência com o Sr. A é convertida em uma experiência de leitura em parte por ter estruturado a frase de abertura dessa maneira. A história da análise do Sr. A que está começando a ser contada é uma história de promessas quebradas (implícitas): do paciente trair a confiança da irmã menor ao "brincarem de médico", do paciente trair a si mesmo por não enfrentar o que havia feito à irmã, e a quebra da promessa implícita por parte da mãe de que seria genuinamente sua mãe.

O sujeito da frase de abertura não é o Sr. A nem eu, mas a secretária do Sr. A: "a secretária dele me telefonou para cancelar o encontro..." Aparentemente, essa é uma escolha estranha, mas ao dar a ela as linhas de abertura (ao transmitir o recado do paciente para mim), a frase está mostrando (em contraste com descrevendo) uma ausência – a ausência do paciente. O paciente, ao falar através de sua secretária, está falando de um lugar psicológico definido por sua ausência. Mesmo que o paciente não tenha comparecido à primeira sessão de sua análise – a sessão cancelada – ela não obstante aconteceu em minha mente e, suponho, na dele. Foi uma sessão na qual o paciente estava presente na forma de sua ausência da análise e (suspeito) de muitas outras partes de sua vida.

O tema do engodo aparece na frase de abertura na forma da explicação do Sr. A para o cancelamento, que eu caracterizo como consistindo de "motivos vagos relacionados a assuntos de trabalho do Sr. A". O leitor e tampouco eu (como personagem) sabe a natureza do trabalho do Sr. A neste ponto da história. Ao referir-se ao "trabalho" do Sr. A antes de sua natureza ser revelada, existe uma leve sugestão de que seu trabalho inominado pode ser ilegítimo ou uma fachada para outra coisa. Também fracamente cintilante nesta frase há a sugestão de que o Sr. A possa estar envolvido em autoengano ao racionalizar sua ausência da primeira sessão de análise. Esta sobreposição de possibilidades – algumas manifestas, outras quase imperceptíveis – produz uma sinistra sensação de forças destrutivas em ação, uma alusão à vida secreta do paciente.

Embora a frase de abertura possa funcionar dos modos que sugeri, não quero dizer que conscientemente construí a frase com estes propósitos em mente. A frase "me ocorreu" no ato da escrita como um sonho ocorre sem convite durante o sono. Em um primeiro esboço, a história começava com meu encontro com o Sr. A na sala de espera onde ele me saudou pelo meu primeiro nome. Como aquele evento tinha sido tão inquietante, o deletei da história porque senti que o efeito criado pela frase que estive discutindo tinha mais camadas de significado (sendo por isso mais interessante). A transferência daquela frase do terceiro parágrafo da versão original para a posição de frase de abertura permitiu-lhe adquirir maior força dramática – assim criando na escrita parte do impacto emocional que o Sr. A tinha tido sobre mim já no início da análise. Somente depois de fazer dessa a frase de abertura da história é que reconheci que ela continha em forma germinal a totalidade da história que se seguiria.

Como no processo de escrita que acabei de descrever, considero importante não conhecer a forma da história desde o início, mas permitir que ela tome forma no processo de redação. Não saber o fim da história durante o início preserva para o escritor, assim como para o leitor, uma sensação da total imprevisibilidade de todas as experiências da vida: nunca sabemos o que vai acontecer antes que aconteça. O equivalente na escrita é deixar que o texto "conte como puder...Ele encontra seu próprio nome a medida que avança" (Frost, 1939, p. 777).

Na penúltima frase do parágrafo que está sendo discutido, eu (como personagem) falo pela primeira vez em resposta ao que aconteceu até este ponto na história: "Eu disse ao Sr. A que ter pedido à sua secretária para falar comigo havia me feito pensar que ele podia achar que sua própria voz e suas próprias palavras pudessem lhe falhar". O que digo começa a definir para o Sr. A e para o leitor minha concepção da psicanálise. Minha resposta verbal ao Sr. A era, a meu ver, psicanalítica no sentido de que ela constituía uma interpretação verbalmente simbolizada do que eu acreditava ser a principal ansiedade na transferência. Além disso, ela tinha algo da qualidade de "uma interpretação em ação" (Ogden, 1994b) no sentido de que a postura que eu estava assumindo ao fazer a interpretação refletia uma recusa ativa de minha parte de permitir que a forma raivosa e extremamente evasiva com que ele se apresentou – o modo como lidou com a sessão inicial (cancelada) – continuasse sendo um evento despercebido, não falado. Meu ato de enquadrar aquelas ações era significativo não apenas como um esforço para começar a entender os significados do que estava acontecendo; igualmente importante, ele serviu como um modo de mostrar – não de explicar – ao paciente (e ao leitor) o que significa iniciar um relacionamento psicanalítico. A psicanálise é uma experiência na qual o analista leva o paciente a sério, em parte por tratar tudo que ele diz e faz como comunicações potencialmente significativas para o analista (Ogden, 1989). No caso em discussão, os atos do Sr. A relacionados ao encontro inicial constituíram suas primeiras comunicações sobre o que ele sentia (inconscientemente) que eu deveria saber sobre ele para que pudesse o ajudar. Minha resposta constituía uma ação por si mesma que visava captar a atenção (e imaginação) do paciente. A interpretação tinha uma elegância que está presente no aspecto sensório da frase escrita: existe uma queda abrupta do nível consciente, descritivo ("ter pedido à sua secretária para falar comigo") para o nível pré-consciente-inconsciente ("ele podia achar que sua própria voz e suas próprias palavras pudessem lhe falhar").

As palavras específicas que utilizo ao escrever o diálogo nas frases finais do parágrafo de abertura são de grande importância para meu esforço em dar vida à minha experiência com o Sr. A na escrita. Não fiz anotações durante a sessão, assim o diálogo para esta cena exigia que eu encontrasse palavras que captassem a essência do que o paciente e eu realmente dissemos e também a voz com a qual cada um falou.[1] Embora o que eu disse não seja colocado entre aspas, a frase mesmo assim transmite uma ideia da voz com que fiz a interpretação. Foi uma voz que surpreendeu o paciente (o que pode ser identificado em sua resposta). O diálogo também reflete o modo como o paciente percebeu que estava encontrando neste contato inicial não apenas uma nova pessoa, mas um novo modo de pensar e falar. A voz com a qual falei era direta e evitava as regras convencionais de etiqueta (assim como o tom patriarcal do modo tradicional de um médico falar com um paciente). A voz não é arrogante, nem reclama onisciência, mas é a voz de alguém que acredita que tem alguma familiaridade com um nível de relacionamento humano que é novo e um pouco mais do que assustador para o paciente.

O Sr. A não disse o que o assustava sobre começar a fazer análise, mas seu medo estava perceptivelmente presente em sua resposta ao que eu disse: "Meu telefone celular não estava funcionando, e para não ter que pagar as tarifas exorbitantes que os hotéis cobram por ligações telefônicas, mandei um *e-mail* à minha secretária pedindo a ela que lhe telefonasse". Nesta parte da sessão, o Sr. A estava expressando muitos sentimentos ao mesmo tempo. Minha tarefa como escritor é utilizar palavras de um modo que de alguma forma captem essa simultaneidade. As palavras "O Sr. A olhou-me como se eu estivesse maluco" servem para expressar (com ligeira ironia) a rebeldia raivosa e temerosa do paciente contra o modo como eu enquadrei os fatos em torno do telefonema de sua secretária. Em seu protesto, ele invoca o bom senso em defesa não apenas de seu ponto de vista, mas também de sua sanidade.[2] (Meu uso da palavra "maluco" para descrever como o Sr. A olhou para mim visa sugerir seu medo do aspecto psicótico de si mesmo.)

Ao redigir cada elemento da resposta do paciente, a linguagem que utilizo visa transmitir uma ideia da pressão do inconsciente quase explodindo através das palavras faladas: "Meu telefone celular não estava funcionando"

– isto é, ele se sentiu impedido por minha interpretação de falar e pensar do modo como estava acostumado. "Para não ter que pagar as tarifas exorbitantes que os hotéis cobram por ligações telefônicas" – isto é, ele se sentia impotente no *setting* analítico onde eu crio regras egoístas que, ele temia, não levariam em conta quem ele é e o que ele precisa. "Eu mandei um *e-mail* à minha secretária pedindo a ela que lhe telefonasse [para cancelar a sessão]" – isto é, ele se recusou a se submeter a mim e a meus modos de pensar e falar que ele temia que eu estava tentando lhe impor; ele poderia comunicar-se com mais segurança sem falar (utilizando e e-mail e a secretária falando em seu nome); ele poderia tentar se proteger contra o meu poder (e o poder de seus próprios pensamentos e sentimentos repelidos) pelo uso de autoengano (ao cancelar a primeira sessão). Nas palavras que utilizo para expressar meu entendimento da experiência emocional do Sr. A, estou tentando criar uma voz para ele na qual o leitor possa ouvir a simultaneidade de uma criança assustada suplicante, a dolorosa insegurança e bravata vazia de um valentão, e um homem em sofrimento psicológico que está veladamente pedindo ajuda. Cada leitor vai determinar para si mesmo se estas frases conseguem dar vida a uma experiência analítica na experiência de leitura.

III "O pensamento mais profundo que temos" na escrita analítica teórica

Embora um escritor analítico não possa dizer uma experiência, ele pode dizer como foi uma experiência. Consequentemente, ele está o tempo todo ocupado com a criação de metáforas, "não metáforas bonitas... [mas] o pensamento mais profundo que temos" (Frost, 1930, p. 719). Um escritor habilidoso usa a linguagem de uma forma tão sutil que muitas vezes ele só tem consciência subliminar de que o uso de metáfora é o meio predominante pelo qual o significado está sendo transmitido. Winnicott é mestre a esse respeito quando descreve as possíveis respostas da criança à ausência da mãe enquanto ela está fora ganhando um filho:

> Quando nenhuma compreensão pode ser dada [a uma criança muito pequena sobre o nascimento iminente de um irmão], então quando a mãe está fora para ter seu novo bebê ela está morta do ponto de vista da criança. É isso que morta significa.
> É uma questão de dias ou horas ou minutos. Antes de o limite ser atingido a mãe ainda está viva; depois que este limite é transposto ela está morta. Neste ínterim há um precioso momento de raiva, mas isso se perde rapidamente ou talvez nunca seja experienciado, sempre potencial e carregando medo de violência.
>
> (Winnicott, 1971b, p. 21-22)

Nessas frases com palavras muito claras, as metáforas residem silenciosamente dentro de outras metáforas. A declaração aparentemente simples de Winnicott: "É isso que morta significa" (composta de cinco palavras monossilábicas*) é densa de significados. Essa frase é sutilmente ambígua: Quem morreu? – A mãe ou a criança? A ambiguidade permite que sejam ambas ao mesmo tempo. A experiência da criança "do que morta significa" não é apenas uma experiência da mãe estar absolutamente indiferente (metaforicamente morta) para a criança (em sua ausência); é também uma experiência da criança estar metaforicamente morta/indiferente a si mesma, morta para o sofrimento da ausência da mãe. Embora a primeira (a absoluta indiferença da mãe para a criança em sua ausência) seja ao que a metáfora aparentemente se refere, a segunda (a morte da criança para si mesma) é a imagem mais silenciosamente vigorosa e o aspecto psicologicamente mais destrutivo da experiência emocional.

Winnicott continua: "É uma questão de dias ou horas ou minutos. [O que é uma questão de dias ou horas ou minutos? O leitor por um momento vive com a confusão da criança sobre o que está acontecendo.] Antes de o limite ser atingido a mãe ainda está viva; depois que o limite é transposto ela está morta [e a criança está morta]". Aqui, Winnicott está construindo uma metáfora de uma linha que separa a terra dos vivos (mãe e criança) e a terra dos mortos (mãe e criança).

A metáfora então é expandida: "Neste ínterim há um precioso momento de raiva". Existe um espaço entre a terra dos vivos e a terra dos mortos, um espaço em que existe "um precioso momento de raiva". A ambiguidade de "Isso é o que morta significa" se desenvolve aqui. Existe uma abertura no espaço (metafórico) em que algo que não seja a morte da criança poderia acontecer. "Um momento precioso de raiva" se estabelece como o oposto da morte metafórica da criança (e secundariamente da morte da mãe). As palavras "precioso" e "raiva" colidem na frase "momento precioso de raiva". Desta colisão (tanto na experiência da criança quanto na experiência de leitura), surge uma união momentânea, frágil de vitalidade e destrutividade. É um momento que "se perde rapidamente ou talvez nunca seja experimentado, sempre potencial e carregando medo de violência".

O que "morta significa" é desenvolvido ainda mais: morta significa que a criança perde (ou jamais experiencia) a vivacidade decorrente de sentir sua raiva como sua; ela também significa a perda da durabilidade de seu senso de identidade na experiência de sustentar sua raiva ao longo do tempo. Seu medo de que sua raiva transforme-se em violência real que pode danificar

---

*N. de T: No original, *This is what dead means*.

ou destruir sua mãe representa uma constante ameaça a sua capacidade de permanecer viva para si mesma em sua raiva. A frase "carregando medo de violência" não tem um sujeito humano – o sujeito é "momento" – assim transmitindo uma ideia do modo como este medo de violência não é experienciado pela criança como sua própria criação, como seu próprio sentimento. Em vez disso, é uma força impessoal pela qual a criança se sente habitada e sobre a qual não sente controle algum. Destruindo a si mesma, sua capacidade de sentir alguma coisa pode ser preferível ao risco de matar a mãe como consequência da violência com a qual ela está ocupada.

Nessas cinco frases, Winnicott utiliza uma metáfora bastante comum, na qual a ausência da mãe se assemelha a sua morte, e a transforma primeiro em uma metáfora que sutilmente sugere a morte da criança diante da ausência da mãe; e depois em uma metáfora na qual um espaço frágil no qual o estado de vivacidade emocional da criança é sustentado por raiva "preciosa"; e, por fim, a metáfora é completada pela incorporação da ideia de que a vitalidade emocional frágil da criança (que reside na colisão do precioso com o violento) pode ser extinta pela própria criança se ela acreditar que sua própria vitalidade (em sua experiência de raiva) representa uma grande ameaça à vida de sua mãe.

Como podemos ver, a metáfora ("o pensar mais profundo que temos"), quando utilizada com habilidade, permite que a escrita analítica teórica signifique muito mais do que ela é capaz de dizer.

IV Reflexões sobre a escrita analítica

Nesta seção final, vou oferecer algumas observações sobre escrever no gênero analítico. Uma vez que a escrita é um acontecimento unitário, dividi-la em partes cria um efeito caleidoscópico artificial. Quanto mais as diferentes facetas forem vistas como qualidades de um todo, mais perto chegará o leitor de obter uma ideia de como eu vejo e experimento o processo de escrita. Alguns dos itens que se seguem são bastante breves, outros muito mais longos – procurei dizer apenas o que sinto que precisa ser dito sobre um dado aspecto da escrita, e então seguir adiante.

Muitas de minhas reflexões sobre como eu escrevo refletem modos de lidar com a escrita que são idiossincráticos a mim. Esses modos de tratar a escrita não devem ser vistos como prescrições para o modo como a escrita analítica deveria ser praticada. Cada autor deve desenvolver com o tempo seus próprios métodos para envolver-se na escrita analítica. Em contraste, outras de minha reflexões sobre a escrita tratam do que creio serem atributos de todo bom texto psicanalítico.

"Afinal, escrever nada mais é do que um sonho guiado"
(Borges, 1970b, p. 13)

Embora a arte de escrever possa ser um sonho guiado, é importante não romantizar o processo por vê-lo como uma dádiva de nossa inspiração, um estado de transe passivo. Escrever é trabalho árduo. Aprender a guiar nosso sonhar envolve uma vida inteira de leitura e escrita. Nunca consegui escrever um artigo analítico em menos do que algumas centenas de horas. O tempo necessário para escrever deve ser criado – ele não está simplesmente ali pedindo para ser usado para escrever. Eu escrevo bem cedo pela manhã. Eu não o faço com o sentimento de ser sobrecarregado pelo trabalho de escrever, mas com um sentimento de excitação (e ansiedade) sobre o que pode acontecer naquela manhã na experiência de escrever. Muitas vezes durante a escrita naquelas primeiras horas da manhã, já pensei que não havia outra coisa na vida que eu preferiria estar fazendo naquele momento.

Uma meditação e um combate de luta livre

A escrita analítica é, para mim, formada por partes idênticas de meditação e da experiência de derrubar uma fera no chão. Enquanto meditação, escrever constitui um modo de estar comigo mesmo e de ouvir a mim mesmo vindo a ser de um modo que não tem comparativo com qualquer outro setor de minha vida. Este "estado de escrita" é muito semelhante a minha experiência de devaneio no *setting* analítico. Quando estou em um "estado de escrita", estou em um estado de elevada receptividade à experiência inconsciente, mas ao mesmo tempo procurando incluir na experiência uma escuta sobre como eu poderia fazer uso literário do que estou pensando e sentindo.

O estado de escrita é uma experiência física na qual meu pensamento é muito mais auditivo do que o são a maioria das outras formas de pensamento. Muitas vezes pronuncio as palavras em voz alta enquanto escrevo, nunca tendo certeza sobre quais eu realmente pronunciei e quais apenas pensei. Experimento uma frase, rejeito-a, tento outra, volto para a primeira, rabiscando e cortando, ligando cláusulas isoladas com setas, terminando com um palimpsesto de palavras e ideias.

Como o estado de devaneio analítico, o estado de escrita é uma forma de sonho acordado, uma experiência de viver "na fronteira do sonho" (Ogden, 2001b). Quando um escritor está neste estado psicológico, a própria linguagem se infunde da cor e intensidade do inconsciente. Quando tento escrever em momentos nos quais não sou capaz de viver na fronteira do sonhar – por exemplo, quando estou cansado ou preocupado – minha escrita pode ser coerente, até mesmo poderosa em sua lógica, mas ela carece de pulsação.

Ao mesmo tempo, a escrita é uma atividade muito muscular na qual o escritor trava uma batalha com a linguagem. A linguagem, como se por vontade própria, resiste ser domada e pressionada à função de expressar uma experiência essencialmente destituída de palavras. Conrad observou que as palavras são "as grandes inimigas da realidade" (citado por Pritchard, 1991, p. 128).

"Um escritor escreve"
(do filme Jogue a Mamãe do Trem [1987])

A meu ver, não existe essa coisa de escritor potencial. Quando estamos escrevendo ou compondo mentalmente, somos escritores. Quando não estou escrevendo ou compondo, sinto que sou alguém que era um escritor. Uma vez iniciado o processo de escrita, estou nele, possuído por ele noite e dia. Tudo que eu ouço, vejo, leio e imagino informa, molda, modifica minha escrita. O escrever está me sonhando existir tanto quanto eu estou sonhando a escrita existir. Não se trata de um estado inteiramente agradável no qual estar; existe uma sensação de ter perdido o controle sobre a mente. Em certo sentido, perdemos o controle. Parte de tornar-se escritor envolve desenvolver um modo de vida naquele estado sem deixar de viver o resto da vida (por exemplo, sendo cônjuge, pai, analista, amigo e assim por diante). Também é necessário que o escritor perdoe a si mesmo pelas atrocidades com as quais preenche tantas páginas. Sem essa autoaceitação, escrever é um estado punitivo demais para sustentar.

O autor desaparece sem deixar vestígios

No processo de tornar-se escritor, um escritor aprende a não atrapalhar a si mesmo e ao leitor. A genialidade de Shakespeare está em sua capacidade de desaparecer do espaço entre o leitor e o escritor, entre o público e a peça. Em uma parábola, Borges (1949) descreve Shakespeare como um "homem sem ninguém dentro de si" (p. 248) e sua vida como "um sonho não sonhado por ninguém" (p. 248).

> Diz a história que antes ou depois de morrer, ele viu-se na presença de Deus e Lhe disse: "Eu que fui inutilmente tantos homens quero ser um e eu mesmo". De um redemoinho à voz do Senhor respondeu: "Tampouco sou eu alguém; eu sonhei o mundo como você sonhou seu trabalho, meu Shakespeare, e entre as formas em meu sonho está você, que como eu é muitos e ninguém".

(p. 249)

Atrapalhar a si mesmo na escrita pode assumir a forma de um apaixonamento pela própria inteligência ou facilidade com as palavras; ou isso pode envolver o uso da escrita como confessionário ou como uma oportunidade de autoengrandecimento. O tema desse tipo de escrita é o próprio autor, não a questão que está sendo discutida. "Escrever não é estar ausente, mas tornar-se ausente; ser alguém e então ir embora, sem deixar vestígios" (Wood, 1994, p. 18).

"Eu tento eliminar as partes que as pessoas pulam"
(Elmore Leonard, 1991, p. 32)

Um bom texto analítico é esparso e despretensioso – apenas o essencial, nenhuma palavra extra ou ideia repetida. Consequentemente, a boa escrita é quase impossível de parafrasear – condensá-la ou deixar fora algo essencial a seu significado. "Pois onde existe possibilidade de parafrasear, ali os lençóis nunca foram amarrotados, ali a poesia, por assim dizer, nunca passou a noite" (Mandelstam, 1933, p. 252).

"Algum tipo de... forma [literária] tem que ser
encontrada ou eu vou enlouquecer"
(William Carlos Williams, 1932, p. 129)

A forma ou estrutura de um texto analítico pode estar entre as mais originais e inovadoras de suas qualidades. Criar uma forma literária para um artigo pode ser uma das partes mais difíceis do trabalho de escrita analítica. Redigir um artigo psicanalítico envolve um ato prodigioso de coordenação no qual as partes estão constantemente no processo de criar o todo. Na melhor das hipóteses, a forma "praticamente emerge a partir de si mesma" (Mandelstam, 1933, p. 261). A estrutura de um artigo vitaliza as ideias e experiências emocionais que o escritor (juntamente com o leitor) está criando e desenvolvendo.

Existe uma forte tendência na escrita analítica de considerar a forma (caso chegue a ser considerada) como dada. Existe um formato padrão: um artigo começa com a apresentação de uma ideia; depois segue-se uma revisão da literatura; uma ou várias ilustrações clínicas são oferecidas; e o artigo é concluído com o desenvolvimento da ideia original. Esta é uma forma importante que os autores analíticos devem dominar assim como os artistas começam pelo aprendizado das formas e técnicas clássicas que são fundamentais para sua arte, seja na arte da pintura, da música, da poesia ou da dança. Mas, uma vez que forma e conteúdo são inseparáveis, no curso de nosso desenvolvimento como escritores, devemos começar a tentar desenvolver formas originais para dar forma a nossas ideias.

Boa parte da genialidade de Freud reside na esfera das formas literárias. Ele inventou uma forma atrás da outra, variando desde a arrogância humorística das conferências proferidas para um público de céticos de suas *Conferências introdutórias sobre psicanálise* (1916-1917), o formato de conversação casual com colegas em seus "Papers on Technique" (1911-1915), as múltiplas aberturas e múltiplos finais do caso do "Homem dos Lobos" (1918), até à construção cuidadosa de um discussão "científica" em *A interpretação dos sonhos* (1900). É interessante observar com respeito à forma que o primeiro capítulo de *A interpretação dos sonhos* é uma revisão exaustiva de 95 páginas da história da escrita sobre sonhos. Freud resume praticamente todas as teorias anteriores dos sonhos e constata que cada uma é válida; porém, cada uma captura apenas uma faceta da verdade à custa das outras. Sua própria teoria dos sonhos não refuta as outras; em vez disso, ela as abrange todas.

Em meus trabalhos recentes, fiz experiências com a forma. Um destes trabalhos, "Sobre não ser capaz de sonhar" (Ogden, 2003a; Capítulo 4), é estruturado pela justaposição de três interpretações – cada uma em um meio diferente – da experiência de não ser capaz de sonhar. Os três meios nos quais a experiência é interpretada são os de uma ideia, de uma história e de uma experiência analítica. A ideia é um desenvolvimento e uma extensão do conceito de Bion de sonhar e de não ser capaz de sonhar; a história é uma ficção de Borges na qual um personagem adquire memória infinita, mas ao mesmo tempo, perde sua capacidade de dormir e de sonhar; e a experiência analítica envolve o trabalho com uma paciente na qual eu e ela desenvolvemos a capacidade de sonhar juntos no decorrer da análise. O formato deste artigo tem por objetivo gerar um processo vivo na experiência de leitura no qual as três interpretações conversam entre si de uma forma que espelha a conversa viva conosco mesmos que constitui o sonhar. (Ela também espelha uma conversa entre três formas de expressão que são de grande importância para mim: teoria psicanalítica, literatura e prática analítica.)

Em outro artigo, "Uma introdução à leitura de Bion" (Ogden, 2004a; Capítulo 6), faço um experimento com a forma utilizando as diferenças entre a experiência de leitura do trabalho inicial de Bion e a de leitura de seu trabalho tardio como paradigmáticas das diferenças entre o modo como Bion pensa nesses dois períodos de escrita. Desse modo, incorporo à estrutura do texto o que acredito ser o aspecto mais importante da contribuição de Bion para a psicanálise: a exploração de *como* nós pensamos e sonhamos, *como* processamos a experiência (em oposição ao *que* pensamos, por exemplo, o conteúdo de fantasias inconscientes).

Ainda em outro artigo, "Esta arte da psicanálise: sonhando sonhos não sonhados e gritos interrompidos" (Ogden, 2004b; Capítulo 1), procuro enunciar em dois parágrafos a essência do processo analítico ("Certamente,... o empreendimento era impossível desde o início" [Borges, 1941b, p. 40]). Ao utilizar este formato, estou aproveitando o poder da concentração de palavras para criar uma expansão do significado (que é a marca característica da poesia [Stoppard, 1999]). A seguir, "desembrulho" aquele enunciado altamente condensado cláusula por cláusula, frase por frase, como poderíamos fazer lendo atentamente um poema. Depois ilustro meu pensamento com uma descrição clínica (cujo parágrafo de abertura discuti em detalhes anteriormente neste capítulo).

É certamente discutível se minhas experiências com a forma foram bem-sucedidas ou não. Contudo, não tenho dúvida de que a experimentação com as formas literárias utilizadas na escrita analítica é parte essencial do esforço de desenvolver novos modos de pensar analiticamente. Uma nova ideia exige uma nova forma para dizê-la. O trabalho clínico que Freud apresentou em seus estudos de caso não poderia ter sido comunicado nas formas disponíveis na literatura médica de seu tempo.

O detector de bobagens e o Quixote de Menard

Cada escritor tem seus próprios hábitos de escrita. Os meus incluem escrever um primeiro esboço à caneta e papel; nunca fui capaz de compor durante a digitação. Para mim, existe uma consequência inesperada, porém altamente valiosa de escrever a mão: eu não tenho escolha (dadas minhas habilidades de digitação) senão ditar o manuscrito quando as minhas anotações estão tão apinhadas de palavras e frases cortadas e inseridas que mal consigo ler o que escrevi. Este método – escrever a mão e ditar – me obriga a ler em voz alta o que eu escrevi. Em minha experiência não existe melhor detector de bobagem. Ler o que se escreveu em voz alta expõe uma linguagem que é pretensiosa ou convencida; repetitiva ou verbosa; muito presunçosa ou desoladoramente pesada; prejudicada por jargão e clichês; imitativa de outrem ou uma versão reciclada de nossos próprios escritos anteriores; soporífica por conta de uma estrutura frasal repetitiva ou desagradável como consequência de exibir como somos "letrados".

Talvez, mais importante, ler em voz alta o que eu escrevi fornece-me uma resposta à pergunta: estou oferecendo uma perspectiva original sobre um tema psicanalítico importante? Acredito que não há nada de novo sob o sol, mas que é sempre possível ver algo de uma maneira nova e original (Ogden, 2003b). Nenhum escritor, a meu ver, precisa se preocupar com o fato de que o que ele tem a dizer já foi dito. Evidentemente, já foi dito inúmeras vezes, mas nunca foi dito da perspectiva que cada um de nós pode dar-lhe se ousarmos tentar.

Quando um escritor analítico para quem estou trabalhando como consultor protesta porque descobriu que muitos outros já esgotaram o tópico que ele pretende explorar, lembro-me da história de Borges (1941b) "Pierre Menard, autor do *Quixote*". O fictício romancista do final do século XIX, Pierre Menard, de Borges, propôs-se a escrever o *Quixote* – não uma transcrição memorizada ou uma versão moderna dele, ou capítulos adicionais para ele, mas o *Quixote* propriamente dito. Ele conseguiu escrever dois capítulos do livro dos quais Borges cita algumas linhas e as justapõe às linhas correspondentes do *Quixote* de Cervantes. O leitor vê com seus próprios olhos que os dois conjuntos de linhas são idênticos, palavra por palavra, vírgula por vírgula. E, ainda assim, Borges acha o *Quixote* de Menard muito superior ao de Cervantes: o texto de Menard, escrito por um oitocentista, é admiravelmente livre da "cor local", isto é, livre da decoração composta de representações detalhadas da vida espanhola do século XVI. Cervantes nada fez de especial ao omitir tais enfeites descritivos, pois seu público do século XVI evidentemente estava familiarizado com as circunstâncias de suas vidas e costumes. Para Menard, um escritor oitocentista, omiti-los é genial.

Para um escritor psicanalítico da segunda metade do século XX, é genial (re)descobrir mais uma vez a transferência (na situação total [Joseph, 1985]); chegar de novo ao conceito de ego do corpo (na noção de unidade da psique-soma na saúde [Winnicott, 1949]); deparar-se, como se pela primeira vez, com o conceito de trabalho do sonho (concebido como um processo no qual a experiência vivida consciente torna-se disponível ao inconsciente para trabalho psicológico [Bion, 1962a]), e assim por diante.

A noite escura da alma do escritor analítico

Existem dois momentos no processo de escrita que para mim são mais difíceis e emocionalmente mais desgastantes. O primeiro envolve chegar a uma ideia que estimule minha imaginação e depois encontrar um modo de desenvolvê-la. Na maioria das vezes, começo enunciando a ideia da maneira mais clara que posso no espaço de um ou dois parágrafos. Depois, escrevo de 20 a 25 páginas à mão sobre tudo que me vier à cabeça em relação à ideia que estou experimentando. Se houver um único parágrafo que pareça promissor nessas páginas, sinto-me muito gratificado. Se houver três ou quatro parágrafos, fico exultante. Muitas vezes, as ideias nesses parágrafos bem-sucedidos guardam uma relação apenas tangencial com a ideia da qual parti. Eu então escrevo um novo enunciado de abertura para o artigo utilizando as ideias e parte da linguagem para essas ideias contidas no esboço inicial.

Escrevo entre 5 e 10 esboços (grandes reelaborações da estrutura e principais temas) e facilmente 50 reelaborações de muitas palavras, locuções e frases. Depois de cada esboço, o enunciado de abertura sobre o assunto do artigo precisa ser revisado.

O segundo dos dois momentos no processo de escrita que considero mais árduos é a leitura do manuscrito depois que ele foi transcrito de meu ditado. Jamais aconteceu de eu ler a primeira versão digitada do texto e não me sentir profundamente decepcionado e desanimado. Muitas das frases e parágrafos parecem pouco mais do que pobres disfarces para a falta de profundidade do pensamento. Prosseguir escrevendo o artigo neste ponto é sobretudo um processo de enunciar mais claramente para mim o assunto que estou tentando abordar. A essência de uma ideia está ali, mas ela está tão atolada no palavreado que é difícil detectá-la. A arte de encontrar essa essência envolve cortar sem piedade frases, parágrafos e seções inteiras do artigo que sejam desnecessárias.

É minha experiência que o que acontece neste ponto do processo de escrita é o que define o sucesso ou fracasso de um texto. Quando consigo superar esta dificuldade, é como se eu tivesse chegado a uma clareira na qual sou capaz de pensar com uma clareza que até então eu não tinha sentido no processo de escrita. Vêm-me à cabeça expressões que capturam essências que, até este ponto, mal eram discerníveis. É nesta etapa da escrita que imagino que Winnicott (1956) chegou à expressão "continuar a ser" (p. 303), e Bion (1962a) escreveu "o paciente que não é capaz de sonhar não pode adormecer e não pode acordar" (p. 7), e Balint (1968) encontrou a frase "mistura interpenetrante harmoniosa" (p. 136), e Loewald (1960) escreveu "fantasmas do inconsciente são deitados...para repousarem como antepassados" (p. 249). Ao ler essas expressões e frases no contexto, é inconfundível para o ouvido do escritor e do leitor que a ideia não poderia ser expressa de outra maneira; outras palavras expressariam algo consideravelmente diferente. É aí que é gerada uma parte substancial da graça da boa escrita analítica.

Quando um texto analítico é bom, é evidente que a intenção do autor não era ser "poético" (caso fosse, as frases pareceriam constrangedoramente artificiais). Em vez disso, as palavras e expressões possuem um equilíbrio desembaraçado. Mesmo quando a maioria dos leitores é incapaz de discernir um texto escrito às pressas de um texto que seja fruto de muitas horas de luta com as palavras, o próprio escritor é capaz de notar a diferença, e nada é mais importante do que isso para um escritor.

NOTAS

1. Utilizo os termos *voz* e *tom* para me referir a diferentes aspectos da fala/escrita. O tom reflete o que o falante está sentindo; a voz reflete o que o falante é, o modo como ele pensa, como organiza sua experiência emocional. Evidentemente, os dois se sobrepõem.
2. Isso me faz lembrar do que o médico em *A Fortunate Man* de Berger (1967) disse sobre o bom senso: "Quando lido com seres humanos este é o meu maior inimigo... ele me tenta a aceitar o óbvio, o mais fácil, a resposta mais prontamente disponível" (p. 62).

Créditos

O Capítulo 1 baseia-se em "This art of psychoanalysis: dreaming undreamt dreams and interrupted cries", *International Journal of Psychoanalysis*, 85: 857-877, 2004. © Institute of Psychoanalysis, London, UK.

O Capítulo 3 baseia-se em "A new reading of the origins of object-relations theory", *International Journal of Psychoanalysis*, 83: 767-782, 2002. © Institute of Psychoanalysis, London, UK.

O Capítulo 4, baseia-se em "On not being able to dream", *International Journal of Psychoanalysis*, 84: 17-30, 2003. © Institute of Psychoanalysis, London, UK.

O Capítulo 5 toma por base em "What's true and whose idea was it?" *International Journal of Psychoanalysis*, 84: 593-606, 2003. © Institute of Psychoanalysis, London, UK.

O Capítulo 6 baseia-se em "An introduction to the reading of Bion", *International Journal of Psychoanalysis*, 85: 285-300, 2004. © Institute of Psychoanalysis, London, UK.

O Capítulo 7 embasa-se em "On holding and containing, being and dreaming", *International Journal of Psychoanalysis*, 85: 1349-1364, 2004. © Institute of Psychoanalysis, London, UK.

O Capítulo 8 baseia-se em "On psychoanalytic writing", *International Journal of Psychoanalysis*, 86: 15-29, 2005. © Institute of Psychoanalysis, London, UK.

Excerto de "I Could Give All to Time" de THE POETRY OF ROBERT FROST, organizado por Edward Connery Lathem. *Copyright* 1942 *by* Robert Frost, © 1970 *by* Lesley Frost Ballantine, © 1969 *by* Henry Holt and Company. Reproduzido com permissão de Henry Holt and Company, LLC. Publicado por Jonathan Cape. Reproduzido com permissão do Random House Group Ltd.

Excerto de "Carpe Diem" de THE POETRY OF ROBERT FROST, organizado por Edward Connery Lathem. © 1942,1969 *by* Henry Holt and Company, © 1938 *by* Robert Frost. Reproduzido com permissão de Henry Holt and Company, LLC. Publicado por Jonathan Cape. Reproduzido com permissão do Random House Group Ltd.

Excerto de "Funes the Memorious" de Jorge Luis Borges, traduzido por James E. Irby, de LABYRINTHS, © 1962, 1964 *by* New Directions Publishing Corp. Reproduzido com permissão da New Directions Publishing Corp.

Verso de "Clearances, Sonnet III" de OPENED GROUND: SELECTED POEMS 1966-1996 de Seamus Heaney. Publicado por Farrar, Straus & Giroux, LLC, © 1999. Reproduzido com permissão.

Procuramos respeitar ao máximo os direitos autorais e obter licença para citação de material. Eventuais omissões trazidas ao nosso conhecimento serão solucionadas nas futuras edições.

Agradeço a Marta Schneider Brody por seus valiosos comentários em alguns dos esboços do manuscrito deste livro. Também gostaria de agradecer a Patricia Marra pelo cuidado e a atenção dedicados à preparação do manuscrito deste volume para publicação.

Referências

Balint, M. (1968). *The Basic Fault.* London: Tavistock.

Berger, J. (1967). *A Fortunate Man.* New York: Pantheon.

Bion, W. R. (1957). Differentiation of the psychotic from the non-psychotic personalities. In *Second Thoughts* (pp. 43-64). New York: Aronson, 1967.

Bion, W. R. (1959a). Attacks on linking. In *Second Thoughts* (pp. 93-109). New York: Aronson,1967.

Bion, W. R. (1959b). *Experiences in Groups.* London: Tavistock.

Bion, W. R. (1959c). 27 July 1959. In *Cogitations* (p. 43). London: Karnac, 1992. Bion, W. R. (1962a). *LeamingJrom experience.* In *Seven Servants.* New York: Aronson, 1977.

Bion, W. R. (1962b). A theory of thinking. In *Second Thoughts* (pp. 110-119). New York: Aronson, 1967.

Bion, W. R. (1963). *Elements of psycho-Analysis.* In *Seven Servants.* New York: Aronson, 1977.

Bion, W. R. (1%5). *Transformations.* In *Seven Servants.* New York: Aronson, 1977. Bion, W. R. (1967). *Second Thoughts.* New York: Aronson.

Bion, W. R. (1970) .*Attention and intelpretation.* In *Seven Servants.* New York: Aronson, 1977.

Bion, W. R. (1975). Brasilia clinical seminars. In *Clinical Seminars and Four Papers* (pp. 1-118). Abingdon, England: Fleetwood Press, 1987.

Bion, W. R. (1976). On a quotation from Freud. In *Clinical Seminars and Four Papers* (pp. 234-238). Abingdon, England: Fleetwood Press, 1987.

Bion, W. R. (1978) .Sao Paulo clinical seminars. In *Clinical Seminars and Four Papers* (pp. 131-220). Abingdon, England: Fleetwood Press, 1987.

Bion, W. R. (1982). *The Long Week-End,* 1897-1919. Abingdon, England: Fleetwood Press.

Bion, W. R. (1992). *Cogitations* (F. Bion, ed.). London: Karnac.

Borges, J. L. (1923). Preface to the 1923 edition of *Fervor de Buenos Aires.* In N. T. Di Giovanni (ed.), *Jorge Luis Borges: Selected Poems,* 1923-1967 (pp. 268-269). New York: Dell, 1972.

Borges, T. L. (1941a). Funes the memorious. InT. Irby (trans.) and D. Yates andJ. Irby(eds), *lAbyrinths: Selected Stories and Other Writings* (pp. 59-66). New York: New Directions, 1962.

Borges, J. L. (1941b). Pierre Menard, author of the *Quixote.* In J. Irby (trans.) and D. Yates and J. Irby (eds), *lAbyrinths: Selected Stories and Other Writings* (pp. 36-44). New York: New Directions, 1962.

Borges, J. L. (1946). A new refutation of time. In J. Irby (trans.) and D. Yates and J. Irby (eds), lAbyrinths: Selected Stories and Other Writings (pp. 217-234). New York: New Directions, 1962.

Borges, J. L. (1949). Everything and nothing. In J. Irby (trans.) and D. Yates and J. Irby (eds), lAbyrinths: Selected Stories and Other Writings (pp. 248-249). New York: New Directions, 1962.

Borges, J. L. (1957). Borges and I. In J. Irby (trans.) and D. Yates and J. Irby (eds), lAbyrinths: Selected Stories and Other Writings (pp. 246-247). New York: New Directions, 1962.

Borges, J. L. (1964). Foreword. In N. T. Di Giovanni (ed. and trans.), Jorge Luis Borges: Selected Poems, 1923-1967 (p. 272). New York: Dell, 1972.

Borges, J. L .(1967). This Craft of Verse (C.-A. Mihailescu, ed.). Cambridge, MA: Harvard University Press, 2000.

Borges, J. L. (1970a). An autobiographical essay. In N. T. Di Giovanni in collaboration with J. L. Borges (ed. and trans.), The Aleph and Other Stories, 1939-1969 (pp. 203-260). New York: Dutton, 1970.

Borges, J. L. (1970b). Preface. In N. T. Di Giovanni (trans.), Doctor Brodie's Report (pp. 11-14). London: Penguin, 1976.

Borges, J. L. (1975). Interview in *LA Nación,* November 24, 1974. In E. Williamson (trans.), *Barges: A Life* (p. 412). New York: Viking, 2004.

Borges, J .L. (1984) .*Twenty1our Conversations with Barges: Interviews with Roberto Alifano,* 1981-1983 (including a selection ofpoems) (trans. N. S. Arauz, W. Barnstone and N. Escandell). Housatonic, MA: Lascaux.

Cambray, J. (2002). Synchronicity and emergence. *American Imago* 59: 409-434.

Daws, D. (1989). *Through the Night: Helping Parents and Sleepless Infants.* London: Free Association Books.

de M'Uzan, M. (1984). Slaves of quantity. *Psychoanalytic Quarterly,* 72: 711-725, 2003.

Fairbairn, W. R. D. (1944). Endopsychic structure considered in terms of object-relationships. In *Psychoanalytic Studies of the Personality* (pp. 82-136). London: Routledge and Kegan Paul, 1981.

Fairbairn, W. R. D. (1952). *Psychoanalytic Studies of the Personality.* London: Routledge and Kegan Paul, 1981.

Freud, S. (1900). *The Interpretation of Dreams.* SE 4-5. *(The Standard Edition of the Complete Psychological Works of Sigmund Freud.* J. Strachey (ed. and trans.), London: Hogarth Press,1974.)

Freud, S. (1911-1915). Papers on technique. SE 12.

Freud, S. (1914a). On the history of the psycho-analytic movement. SE 14.

Freud, S. (1914b). On narcissism: an introduction. SE 14.

Freud, S. (1915a). Instincts and their vicissitudes. SE 14.

Freud, S. (1915b). Repression. SE 14.

Freud, S. (1915c). The unconscious. SE 14.

Freud, S. (1916-17). *Introductory Lectures on Psycho-Analysis.* SE 16.

Freud, S. (1917a). A metapsychological supplement to the theory of dreams. SE 14. Freud, S. (1917b). Mourning and melancholia. SE 14.

Freud, S. (1918). From the history ofan infantile neurosis. SE 17.

Freud, S. (1923). Two encyclopaedia articles. SE 18.

Freud, S. (1933). *New Introductory Lectures.* SE 22.

Frost, R. (1928). Acquainted with the night. In R. Poirier and M. Richardson (eds), *Robert Frost: Collected Poems, Prose and Plays* (p. 234). New York: Library of America, 1995.

Frost, R. (1930). Education by poetry. In R. Poirier and M. Richardson (eds), *Robert Frost: Collected Poems, Prose and Plays* (pp. 717-728). New York, Library of America, 1995.

Frost, R. (1939). The figure a poem makes. In R. Poirier and M. Richardson (eds), *Robert Frost: Collected Poems, Prose and Plays* (pp.776-778). New York: Library of America,1995.

Frost, R. (1942a). Carpe diem. In R. Poirier and M. Richardson (eds), *Robert Frost: Collected Poems, Prose and Plays* (p. 305). New York: Library of America, 1995.

Frost, R. (1942b). I could give all to time. In R. Poirier and M. Richards;)n (eds), *Robert Frost: Collected Poems, Prose and Plays* (pp. 304-305). New York: Library of America, 1995.

Gay, P. (1988). *Freud: A Life For Our Time.* New York: Norton.

Goethe, J. w. (1808). *Faust I and II.* In S. Atkins (ed. and trans.), *Goethe:* The *Collected Works* (Vol. 2). Princeton NJ: Princeton University Press, 1984.

Green, A. (1983). The dead mother. In *Private Madness* (pp. 142-173). Madison, CT: International Universities Press, 1980.

Hartrnann, E. (1984). The *Nightmare.* New York: Basic Books.

Heaney, S. (1979). Song. In *Opened Ground: Selected Poems,* 1966-1996 (p.173).. New York: Farrar, Straus and Giroux, 1998.

Heaney, S. (1984). Clearances. In *Opened Ground: Selected Poems,* 1966-1996 (pp. 282-290). New York: Farrar, Straus and Giroux, 1998.

Jarrell, R. (1955). To the Laodiceans. In *Poetry and the Age* (pp. 34-62). New York: Vintage.

Joseph, B. (1985). Transference: the total situation. *International Journal of Psychoanalysis,* 66: 447-454.

Klein, M. (1935). A contribution to the psychogenesis of manic-depressive states. In *Contributions to Psycho-Analysis,* 1921-1945 (pp. 282-310). London: Hogarth Press, 1968.

Klein, M. (1940) .Mourning and its relations to manic-depressive states. In *Contributions to Psycho-Analysis,* 1921-1945 (pp. 311-338). London: Hogarth Press, 1968.

Klein, M. (1952). Some theoretical conclusions regarding the emotional life of the infant. In *Envy and Gratitude and Other Works,* 1946-1963 (pp. 61-93). New York: Delacorte, 1975.

Leonard, E. (1991). The *Writer's Quotation Book* (p. 32). 0. Charlton, ed.). New York: Penguin.

Loewald, H. (1960) .On the therapeutic action of psychoanalysis. In *Papers on Psychoanalysis* (pp. 221-256). New Haven, CT: Yale University Press, 1980.

Loewald, H. (1978) .Primary process, secondary process and language. In *Papers on Psychoanalysis* (pp. 178-206). New Haven, CT: Yale UniversitY Press. 1980.

McDougall, J. (1984). The "dis-affected" patient: reflections on affect pathology. *Psychoanalytic Quarterly,* 53: 386-409.

McLaugWin, B.P. (1992). The rise and fall of British emergentism. In A. Beckermann, H. Flohr, and J. Kim (eds), *Emergence or Reduction? Essays on the Prospects of Non- reductive Physicalism.* Berlin, NY : Walter de Gruyter .

Mandelstam, 0. (1933). Conversation about Dante. In J. Harris (ed.) and J Harris and C

Link (trans.), *Osip Mandelstam: The Complete Critical Prose* (pp. 252-290). Dana Point, CA: Ardis, 1997.

Ogden, T. (1980). On the nature of schizophrenic conflict. *International Journal of Psychoanalysis*, 61: 513-533.

Ogden, T. (1982). *Projective Identification and Psychotherapeutic Technique*. Northvale, N J: Aronson/London: Karnac.

Ogden, T. (1983). The concept of internal object relations. *International Journal of Psychoanalysis*, 64: 227-241.

Ogden, T. (1989) .The initial analytic meeting. In *The Primitive Edge of Experience* (pp. 169-194). North vale, N J: Aronson/London: Karnac.

Ogden, T. (1994a) .The analytic third: working with intersubjective clinical facts. *International Journal of Psychoanalysis*, 75: 3-20.

Ogden, T. (1994b). The concept of interpretive action. *Psychoanalytic Quarterly*, 63: 219-245.

Ogden, T. (1994c). *Subjects of Analysis*. Northvale, N J: Aronson/London: Karnac. Ogden, T. (1995). Analysing forms of aliveness and deadness of the transference-countertransference. *InternationalJournal of Psychoanalysis*, 76: 695-709.

Ogden, T. (1996). Reconsidering three aspects of psychoanalytic technique. *International Journal of Psychoanalysis*, 77: 883-899.

Ogden, T. (1997a). Reverie and interpretation. *Psychoanalytic Quarterly* 66: 567-595.

Ogden, T. (1997b). *Reverie and Intelpretation: Sensing Something Human*. Northvale, N J: Aronson/London: Karnac.

Ogden, T. (1997c). Reverie and metaphor: Some thoughts on how I work as a psychoanalyst. *International Journal of Psychoanalysis*, 78: 719-732.

Ogden, T. (1999a). The analytic third: an overview. In L. Aron and S. Mitchell (eds), *Relational Psychoanalysis: The Emergence of a Tradition* (pp. 487-492). Hillsdale, N J: Analytic Press.

Ogden, T. (1999b). 'The music of what happens' in poetry and psychoanalysis. *International Journal of Psychoanalysis*, 80: 979-994.

Ogden, T. (2001a). *Conversations at the Frontier of Dreaming*. Northvale, N J: Aronson/London: Karnac.

Ogden, T. (2001b). Conversations at the frontier of dreaming. In *Conversations at the Frontier of Dreaming* (pp. 1-14). Northvale, N J: Aronson/London: Karnac.

Ogden, T. (2001c). Reading Winnicott. *Psychoanalytic Quarterly*, 70: 299-323.

Ogden, T. (2002). A new reading of the origins of object-relations theory .*International Journal of Psychoanalysis*, 83:767-782.

Ogden, T. (2003a). On not being able to dream. *International Journal of Psychoanalysis*, 84: 17-30.

Ogden, T. (2003b). What's true and whose idea was it? *International Journal of Psychoanalysis*, 84: 593-606.

Ogden, T. (2004a). An introduction to the reading of Bion. *International Journal of Psychoanalysis*, 85: 285-300.

Ogden, T (2004b). This art of psychoanalysis: Dreaming undreamt dreams and interrupted cries. *International Journal of Psychoanalysis*, 85: 857-877.

Pinsky, R. (1988). *Poetry and the World*. New York: Ecco.

Poe, E.A. (1848). To. In *The Complete Tales and Poems of Edgar Allan Poe* (p. 80). New York: Barnes and Noble, 1992.

Pritchard, W. (1991). Ear training. In *Teaching Mat We Do* (pp. 127-144). Amherst, MA: Amherst College Press, 1991.

Rosenfeld, D. (2004). September 11th : Military dictatorship and psychotic episode. Unpublished manuscript.

Searles H. (1975). The patient as therapist to his analyst. In *Countertransference and Related Subjects* (pp. 380-459). New York: International Universities Press, 1979.

Stoppard, T. (1999). Pragmatic theater. *The New York Review of Books,* XLVI, no.14, Sept. 23,1999, pp. 8-10.

Strachey,J. (1957). Papers on metapsychology: Editor's introduction. SE 14,105-107. Tresan, D. (1996). Jungian metapsychology and neurobiological theory. *Journal of Analytical Psychology,* 41: 399-436.

Trilling, L. (1947). Freud and literature. In *The Liberal Imagination* (pp. 32-54). New York: Anchor, 1953.

Tustin F. (1981). *Autistic States in Children.* Boston: Routledge and Kegan Paul. Varnum, R. (1996). *Fendng with Words: A History of Writing Instruction at Amherst College During the Years of Theodore Baird,* 1938-1966. Urbana, IL: National Council of Teachers of English.

Vendler, H. (1997). *Poems, Poets, Poetry.* Boston: Bedford Books.

Weinstein, A. (1998). Audio tape lecture 1. In *Classics of American Literature.* Chantilly, VA: Teaching Company.

Williams, W. C. (1932). Letter to Kay Boyle. InJ. Thirlwall (ed.), *The Selected Letters of William Carlos Williams* (p. 129). New York: New Directions, 1984.

Winnicott, D. W. (1945). Primitive emotional development. In *Through Paediatrics to Psycho-Analysis* (pp. 145-156). New York: Basic Books, 1975.

Winnicott, D. W. (1949). Mind and its relation to the psyche-soma. In *Through Paediatrics to Psycho-Analysis* (pp. 243-254). New York: Basic Books, 1975.

Winnicott, D. W. (1951). Transitional objects and transitional phenomena. In *Through Paediatrics to Psycho-Analysis* (pp. 229-242). New York: Basic Books, 1975.

Winnicott, D. W. (1954a). The depressive position in normal emotional development. In *Through Paediatrics to Psycho-Analysis* (pp. 262-277). New York: Basic Books, 1975.

Winnicott, D. W. (1954b). Metapsychological and clinical aspects of regression within the 'psycho-analytical set-up.' In *Through Paediatrics to Psycho-Analysis* (pp. 278-294). New York: Basic Books, 1975.

Winnicott, D. W. (1955). Group influences and the maladjusted child: the school aspect. In *The Family and Individual Development* (pp. 146-155). London: Tavistock, 1965.

Winnicott, D. W. (1956). Primary maternal preoccupation. In *Through Paediatrics to Psycho-Analysis* (pp. 300-305). New York: Basic Books, 1975.

Winnicott, D. W. (1958). The capacity to be alone. In *The Maturational Processes and the Facilitating Environment* (pp. 29-36) .New York: International Universities Press, 1965.

Winnicott, D. W. (1962). The aims of psycho-analytical treatment. In *The Maturational Processes and the Facilitating Environment* (pp. 166-170). New York: International Universities Press, 1965.

Winnicott, D. W. (1964). *The Child, the Family, and the Outside World.* Baltimore, MD: Pelican.

Winnicott, D. W. (1971a). The place where we live. In *Playing and Reality* (pp. 104-110). New York: Basic Books.

Winnicott, D. W. (1971b). Transitional objects and transitional phenomena. In *Playing and Reality* (pp. 1-25). New York: Basic Books.

Winnicott, D. W. (1974). Fear of breakdown. *International Review of Psychoanalysis,* 1: 103-107.

Wood, M. (1994). *The Magician's Doubts: Nabokov and the Risks of Fiction.* Princeton, NT: Princeton University Press.

Índice

A *fortunate man* 129n2
A interpretação dos sonhos 49-51, 150-151
Abraham, K. 67, 84-85
alucinações 69-73, 75-76, 78-80, 85, 102n5
ambiente de *holding* 126-127
ambivalência 51-54, 63
  e mania 64-65
aprendendo com a experiência 63, 68, 70-71, 104-107, 111-112
Aprendendo com a experiência 69, 72-73, 103-110
Aristóteles 128-129
"Attacks on linking" 130-131
Atenção e interpretação 103, 108-110, 112-113, 102n3
autoconsciência 37-38, 66-67n6
autoestima: e luto e melancolia 50-55

Baird, T. 25-26
Balint, M. 154
Berger, J. 129n2
bidirecionalidade temporal da influência: Bion 88-89, 128-129
  Freud e Klein 87-89
Bion, W.R. 21-22, 24-25, 45-46
  "Attacks on linking" 130-131
  aprendendo com a experiência 63, 68, 70-71, 104-107, 111-112
  aprendendo com a experiência 69, 72-73, 103-110
  Atenção e interpretação 103, 108-110, 112-113, 119-120n3
  bidirecionalidade temporal da influência 88-89, 128-129, 128n5
  comunicação científica 139
  continente-contido 121-137
  crescimento psíquico 127-131
  devaneio 108-109, 112-113
  Elementos da psicanálise 103, 128n2
  elementos-alfa 18-19, 68-72, 106-108, 129-130
  elementos-beta 18-19, 68-69, 75-76, 106-108, 111-112, 129-130
  emergência 109-111

evasão da dor 61-62
Experiências com grupos 130-131, 138n2
função psicanalítica da personalidade 127-129
função-alfa 18-19, 68-73, 107-108, 111-112, 129-131, 102n3
identificação projetiva 130-131
incerteza 131-132
infinita expansão de significado 103, 111-112
interpretação 92-93, 109-112, 119
intuição 89-90
"K" 109-110, 128n4
Klein, revisões de 107-108, 130-131
linguagem, uso da 103-119
memória 112-114
mentiras 90-91
não ser capaz de sonhar 68-84, 107-108, 102n3
"O" 108-113, 85, 102n2, 119-120n4
objetivo de sua escrita 104-105
obscuridades e esclarecimentos 103-108, 111-112
partes psicóticas e não psicóticas da personalidade 85, 102n3
pavor sem nome 130-131
pensamento onírico 19-20, 69-71, 128-129, 102n3
pensamento sem um pensador 90-91, 128-129
pensamentos 90-91, 128-129, 84-85n2
pensando 89-90, 107-108, 121, 127-128
pesadelos 71-73
posição depressiva 107-108
preconcepção 91-93
psicose 71-72, 107-108
recordando 112-114, 119
saber e não saber 109-110
Second thoughts (Estudos Psicanalíticos Revisados) 130-131
sobre leitura 105-106, 109-110
supostos básicos 130-131
teoria das funções 106-108
teoria do sonhar 18-21, 43-44, 68-84, 107-108, 128-130

terminologia psicanalítica 68, 106-107
trabalho psicológico do sonhar 50-51, 63, 127-137
Transformações 128n2
"Uma teoria do pensamento" 130-131
verdade 86, 88-91, 112-113
Verdade Absoluta 94-95, 102n2
vértices 112-113
vigília e sono 69-73, 75-76, 107-108, 128-130, 154
visão binocular 91-92
bom senso 129n2
Borges, J.L.: "Todas as coisas anseiam persistir" 117
coisas ditas *versus* não ditas 26-27
"cor local" 92-93, 152-153
"escrever nada mais é do que um sonho guiado" 147-148
"Funes, o memorioso" 72-77
instinto ético 42-43
linguagem sem significado 83-84
metáfora 94-95
"o empreendimento era impossível" 151-152
o que "infelizmente" é 111-112, 37n1
passado, presente e futuro 110-111, 128n1
pensadores como observadores 90-91
"Pierre Menard, autor do *Quixote*" 152-153
sobre Shakespeare 92-93, 149-150

Cambray J. 110-111
campo intersubjetivo *ver* terceiro analítico
capacidade de estar só 125-127
    versus constância do objeto 126-127
    versus permanência do objeto 126-127
caso do "Homem dos Lobos" 150-151
científica comunicação 139
cisão 37-38, 66-67
coisa em si 85, 102n2
colapso, medo de 44-45
Conferências introdutórias sobre psicanálise 150-151
Conrad, J.: "as grandes inimigas da realidade" 148-149
consciência 110-111
    na melancolia 52-53, 87
constância objetal 126-127
continente do 129-130
    contido de 129-130
        contido destrutivo para continente 132-133
        continente destrutivo para contido 131-132
        crescimento do contido 131-132
        crescimento do continente 131-132
        uso do na prática analítica 134-137
continente-contido 121, 127-137
continuar a ser 122, 125-126, 154
Copérnico 90-91
crescimento emocional 45-46
crescimento psíquico 127-131
Crick, F. 89-92

De M'Uzan, M. 21-22
defesa maníaca 70-71, 66-67n6
    Klein, M. 67, 84-85n9
delírio paranoide 70-73
depressão 37-38, 66-67n5
desejo sexual 50-51
"Desenvolvimento emocional primitivo" 37-38, 66-67n2
devaneio
    capacidade do analista para 108-109
    como "O" 118-119
    como continente 129-130
    como escrita psicanalítica 147-149
    como sonhar em vigília 46-47, 69
    como sonhos 18-19, 22-23, 129-130
    definição de 37n5
    do "terceiro analítico" 23-24, 101-102
    e função-alfa 68, 112-113
    e terrores noturnos e pesadelos 21-22
    e verdade 112-113
    nas sessões analíticas 69, 95-101, 115-116, 118-119, 102n5
    versus falta de devaneio 80, 83-84, 130-131, 102n5
diferencial entre analista e analisando 23-24
divã, uso do 23-24, 113-114

Ego
    ego corporal 152-153
    dissociado 55-56, 59-60, 87
    na melancolia 52-53
    no narcisismo 52 53
    reconceituação de Freud 52-53
    sombra do objeto 54-55
Elementos de psicanálise 103-102, 119-120, 138
elementos-alfa 18-19, 68-72, 106-108, 129-130, 102n3
elementos-beta 18-21, 68-69, 75-76, 106-108, 111-112, 129-130
emergência 109-111
encapsulamento autista 21-22, 44-45
enquadramento analítico, 37-38, 66-67
escrita analítica *ver* escrita psicanalítica
escrita psicanalítica 92-94, 105-106, 139-154
    como devaneio 147-149
    como interpretação 139
    como um "sonho guiado" 147-148
    definição de 139
    deixando vestígios 149-150
    detector de bobagem 151-152
    fatos transformados em ficção 139-140
    Freud como escritor 150-152
    Frost como escritor 143-144
    meditação e combate de luta livre 147-148
    metáfora e significado 145-147
    não saber a forma da história 143-144
    sonhar existir 148-149
    tom 154
    voz 129n1

Winnicott como escritor 145-147
esquizofrenia 21-22, 131-132
estados de des-afeto 21-22
evacuação psíquica 70-73
experiência ilusória 125-126
Experiências com grupos 130-131, 128n2

Fairbairn, W.R.D. 48-49, 87, 84-85n7
fantasia 46-47
fenômenos transicionais 125-126
Ferenczi, S. 49-50
ficções 139-140
física quântica 90-91
"Formas ideais" 85, 102n2
Freud, S.
  A Interpretação dos sonhos 40-41, 49-51
  autoestima 50-55
  Caso do "Homem dos Lobos" 150-151
  como escritor 150-152
  Conferências introdutórias sobre psicanálise 150-151
  consciência na melancolia 52-53, 87
  desenvolvimento da teoria das relações objetais 48-66
  e relações objetais internas 67, 84-85n7
  escolha do objeto 67, 84-85
  influência sobre/de Klein 87
  luto 37-38, 66-67, 84-85n6
  "Luto e Melancolia" 48-62, 87-89, 66-67n3, 84-85n7, 102n1
  mania 59-62, 64-65, 67, 84-85n9
  modelo da mente 51-52, 54-55
  modelo estrutural 89-90
  modelo topográfico 89-90
  nova concepção do inconsciente 53-54
  nova forma de relacionamento humano 26-27
  "Papers on technique" 150-151
  psicanálise antes 128-129
  sonhos 50-51, 69, 128-129
  superação 91-92
  teoria do narcisismo 56-59
  voz do 49-51, 53-54
Frost, R.
  espectro de sentimentos 43-44
  "esteio momentâneo contra a confusão" 94-95
  "eu poderia dar tudo ao tempo" 39
  "grito interrompido" 21-22, 37n4
  momento presente 110-111
  "o pensamento mais profundo que podemos ter" 145-146
  permitir que a escrita "conte como puder" 143-144
Fulton, M. 128n2
"Funes, o memorioso" 72-77
função 106-108, 127-128
função-alfa 18-19, 68-69, 107-108, 111-112, 129-131, 102n3
"Funes, o memorioso" 72-77

Gay, P. 49-50, 58-59
Goethe. J. W. 43-44
Green, A. 65-66
Guntrip, H. 87

Hamlet 111-112
Heaney, S.: "música do que acontece" 95
Heisenberg, W. 90-91
hélice dupla do DNA 89-92
holding 121, 137
  ambiente 126-127
  continuar a ser 122, 125-126, 154
  definição de 122
  fornecendo um lugar 124-126
  materno 121-126
  posição depressiva 126-128
  ser e tempo 121-122, 125-127, 137

Identificação projetiva 70-73, 130-131, 66-67n6
imaginação: sonhar 76-77
  e não saber 46-47
  versus fantasia 46-47
incerteza 131-132
inconsciente
  em conversação com pré-consciente 50-51, 63
  como imanência 45-46
  e luto e melancolia 51-52
  melancólica 52-53
infinita expansão do significado 103, 111-112
instância crítica 87
"Instintos e suas vicissitudes" 49-50
integração 124-125
interpretação
  Bion sobre 109-110, 119
  como ato de tornar-se 110-111
  e escrita psicanalítica 139
  e perda 111-112
  e verdade 41-42, 89-94
  objetivo da 93-94
  posição do analista com 92-93
  Winnicott sobre 125-126
intuição 89-90

Jarrell, R. 43-44
Joseph, B. 152-153

"K" 109-110, 128n4
Kant, I. 85, 102
Keats. J. 131-132
Klein, M.
  concepção do inconsciente 67, 84-85n9
  identificação projetiva 130-131
  influência sobre/de Freud 87-89
  mania e defesa maníaca 67, 84-85n9
  posições esquizoparanoide e depressiva 107-108
  relações objetais internas 67, 84-85n9
  revisões de Bion 107-108, 130-131

Lacan, J. 85, 102n2
leitura 105-106, 109-110
Leonard, E. 149-150
linguagem
   alterada por Freud 50-51
   e experiência emocional 25-26, 45-46
   metáfora e crescimento emocional do paciente 25-26
   sem significado 83-84
   uso da 44-46, 103-119
Loewald, H.
   diferencial entre analista e analisando 23-24
   fantasmas e antepassados 154
   fogo animador do mundo inconsciente 63
luto 50-52, 64-65, 66-67n6
   e função alfa 68
   perda do objeto 54-55
"Luto e melancolia" 48-59, 87-89, 37-38, 66-67n3, 67, 84-85n7, 85, 102n1

Mandelstam, O. 149-150
mania 59-62
   e ambivalência 64-65
   e pesar 64-65
   Klein, M. 67, 84-85n9
   limite psicótico da 61-62
McDougall, J. 21-22
McLaughlin, B. P. 110-111
"medo de colapso" 44-45
melancolia 50-52
   abandono do objeto 54-55
   ambivalência 51-54, 63
   autoestima 50-55
   consciência na 52-53, 87
   doença do narcisismo 56-59
   e depressão 37-38, 66-67n5
   ego na 52-53
   limite psicótico da 61-62
   malcompreensão da 58-59
   mania 59-62
   mundo interno congelado da 55-56
   sadismo 59-60
   ultraje 53-54
memória 112-114
mentiras 90-91, 114-119
metáfora
   Borges sobre 94-95
   das estruturas psicológicas 89-90
   e crescimento emocional 25-26
   e significado na escrita 145-147
método científico 89-90
metodologia analítica 23-24
mistura interpenetrante harmoniosa 154
modelo da mente 51-52, 54-55
modelo estrutural 89-90, 107-108, 84-85n7
modelo topográfico 89-90, 107-108, 84-85n7
modo autista-contíguo 37-38, 66-67n6
modo depressivo 37-38, 66-67n6
modo esquizoparanoide 37-38, 66-67n6

Não eu 122
não experiência 21-22
não ser capaz de sonhar 18-22, 27-28, 68-84, 107-108, 102n3
narcisismo 56-59

"O" 108-113, 118-119, 102n2, 128n4
"O Inconsciente" 49-50
obscuridades e esclarecimentos 103-108, 111-112

Pacientes pós-traumáticos 19-20, 70-71, 131-132
"Papers on technique" 150-151
partes psicóticas e não psicóticas da personalidade 85, 102n3
pavor sem nome 130-131
pensamento onírico 18-21, 69-71, 76-77, 128-135, 102n3
   ver também continente-contido
pensamento sem um pensador 90-91, 128-129
pensamento
   Bion 89-90, 107-108, 121, 127-131
   capacidade para 37-38, 66-67n6
   continente-contido 121-137
   destruindo 130-131
   e escrita 48-49, 61-62
   e mentiras 118-119
   e observação 90-91
   e sonho 127-137, 85, 102n3
   inconsciente 85, 102n3
   subjugante 23-24
   terceiro sujeito 18-19, 22-23, 27-28, 46-47, 118-119
pensamentos 90-91, 128-129, 84-85n2
permanência do objeto 126-127
personalidade, função psicanalítica da 127-129
perversões 21-22, 44-45, 131-132
pesadelos
   Bion sobre 71-72
   contido oprime o continente 132-133
   descrição de 19-21
   e crianças 37n3
   metafórico 21-22, 43-44
   pós-traumáticos 131-132
   versus sonhos que não podem ser sonhados 76-77
   versus terrores noturnos 19-20, 37n2
pesar ver luto
"Pierre Menard, autor do Quixote" 152-153
Pinsky, R. 42-43, 46-47
Platão 85, 102
Poe, E. A. 128n2
   "pensamentos tipo não pensados" 129-130
posição depressiva
   conforme Bion 107-108
   conforme Klein 107-108
   conforme Winnicott 126-128
posição esquizoparanoide 107-108
preconcepção 91-92

preocupação constante 23-24
preocupação materna primária 122, 125-126
Pritchard, W. 148-149
psicanálise 17-18, 20-23
 capacidade imaginativa na 46-47
 como experiência emocional vivida; como paradoxo 22-23
 como experimento 22-24, 27-28
 como relacionamento psicológico 44-45
 como vir a conhecer e sentir-se conhecido 24-28
 definição de 37-38, 66-67
 e capacidade de não saber 45-46
 e instinto ético 42-44
 e verdade 41-42, 86-102
 história da 91-92
 objetivo da 22-23, 44-45, 86
 ser humano fundamental à 39
 ser responsável 42-43
psicanalítica, escrita ver escrita psicanalítica
psicose
 como sonhos não sonhados 21-22, 44-45, 107-108
 consciência *versus* inconsciência 71-72
 risco de psicose da mãe 123-124
 sonhos *versus* alucinações 69-71
 transtornos psicossomáticos 21-22, 44-45, 131-132
psique-soma 152-153

Quixote, o 152-153

Real, o 85, 102n2
recordar 112-114, 119
regras analíticas 42-43
relação objetal narcisista 67, 84-85
relacionamento analítico 22-27
relações objetais internas 37-38, 66-67n1, 84-85n7;
"Repressão" 49-50
Rosenfeld, D. 42-43

Saber (K) 109-110, 128n4
saber e não saber 109-110
sadismo 59-60
Searles, H. 23-24
Second thoughts 130-131
ser capaz de sonhar 43-45, 69-73, 107-108
ser e tempo 121-122, 125-127
sexualidade 37-38, 66-67n6
Shakespeare, W. 92-93, 149-150
simbolização 37-38, 66-67
simbolização verbal 23-26, 91-92, 119, 66-67n6
simbologia humana 50-51
sistema solar heliocêntrico 90-91
situação analítica 18-19, 22-28, 42-43
situação social/política 42-44
"Sobre narcisismo: uma introdução" 56-57
sonhar

 como criador de consciência e inconsciência 71-72
 como devaneio 18-19, 21-23, 46-47, 69, 112-113, 118-119
 como diálogo entre inconsciente e pré-consciente 50-51, 63, 127-129
 como experiência emocional 18-19, 69
 como função-alfa 69-73, 107-108
 como reconceituado por Freud 50-51
 continente-contido 121, 127-137
 da transferência-contratransferência 21-22
 de pacientes pós-traumáticos 19-20, 70-71, 131-132
 do terceiro sujeito 18-19, 22-23, 27-28
 Freud sobre 50-51, 69, 128-129
 função psicanalítica da personalidade 127-128
 não ser capaz de sonhar 18-22, 27-28, 68-84, 107-108
 parte psicótica da personalidade 85, 102n3
 patológico 132-133
 pensamento onírico 18-21, 69-71, 76-77, 128-135, 102n3
 perversões 21-22, 44-45, 131-132
 pesadelos 19-22, 43-44, 71-72, 76-77, 131-133, 37n2
 pesadelos *versus* terrores noturnos 19-20, 37n2
 recordar 112-114, 119
 ser capaz de sonhar 43-45
 sonhos insonháveis 21-22, 24-25, 32-33, 44-45
 sonhos interrompidos 20-25, 27-28, 43-45
 sonhos não sonhados 17-25, 27-28, 34-35, 43-44, 136-137
 teoria de Bion do sonhar 18-21, 43-44, 68-84, 107-108, 128-130
 terrores noturnos 19-22, 44-45, 37n2
 trabalho do sonho 128-129, 152-153
 trabalho psicológico do 50-51, 63, 127-137
 transtornos psicossomáticos 21-22, 44-45, 131-132
 versus alucinações 69-71, 75-76, 85, 102n5
 versus outros eventos psíquicos que ocorrem no sono 19-20, 70-71
 vigília e sono 69, 70-73, 75-76, 128-130, 154
sonhar(-se) existindo 18-19, 24-28, 43-44, 93-94, 148-149
sonhos insonháveis 21-22, 24-25, 32-33, 44-45
sonhos interrompidos 20-25, 27-28, 43-45
sonhos não sonhados 17-25, 27-28, 34-35, 43-44, 136-137
status de unidade 126-127
Stevens, W. 24-25
Stoppard, T. 151-152
Strachey J. 49-50, 66-67n3
subjetividade humana 48-49
sujeito da análise 22-23
sujeito, tornando-se um 122, 127-128
superego 87
supostos básicos, 130-131

Teoria das funções 106-108
teoria das relações objetais 48-66, 87-89, 66-67n1, 84-85n7
"teoria do pensamento, Uma" 130-131
terceiro analítico 18-19, 22-24, 27-28, 46-47, 118-119, 119-120n4
terceiro subjugante 23-24
terminologia psicanalítica 68, 106-107
terrores noturnos
    como sonhos não sonhados 44-45
    descrição de 19-21
    e crianças 37n2
    metafóricos 21-22
    versus pesadelos 19-20, 37n2
tom 154
trabalho do sonho 128-129, 152-153
trabalho psicológico do sonhar 50-51, 63, 127-137
transferência-contratransferência 21-22, 24-25, 36
    central para a psicanálise 37-38, 66-67n6
    conflito inconsciente em 134-135
    disponível para 92-93
    situação total 152-153
    vida e morte na 65-66
Transformações 128n2
Tresan, D. 110-111
Trilling, L. 111-112
Tustin, F. 21-22

Valores analíticos 39, 46-47
Varnum, R. 25-26
Vendler, H. 24-25
ver *também* internalização das relações objetais internas 125-126
verdade
    versus Verdade Absoluta 94-95, 85, 102n2
    científica 89-90
    de experiência emocional 88-90
    e Bion 86, 88-92, 108-113
    e evidência 91-92
    e interpretação 41-42, 89-94
    e visão binocular 91-92
    em "O" 108-113
    em termos psicanalíticos 91-92
    universal 110-111
    versus crenças 89-91
    versus mentiras 90-91, 114-119
Verdade Absoluta 94-95, 102
vértices 112-113, 137
vigília e sono 69-73, 75-76, 107-108, 128-130, 154
"visão binocular" 91-92
vivo e morto, 65-67
voz 129n1

Watson, J. 89-92
Weinstein, A. 139-140
Williams, W.C. 149-150
Winnicott, D.W. vivo e morto 65-66
    "desenvolvimento primitivo emocional" 37-38, 66-67n2
    ambiente de sustentação 126-127
    capacidade de ficar só 125-127
    como escritor 145-147
    continuar a ser 122, 125-126, 154
    desenvolvimento psicológico 137
    ego do corpo e psique-soma 152-153
    experiência ilusória 125-126
    fenômenos transicionais 125-126
    holding (sustentação) 121-128, 137
    interpretação 125-126
    maturação 137
    medo de colapso 44-45
    metáfora e significado 145-147
    não eu 122
    pedaços e partes 124-125
    *planejamento psi*canalítico 23-24
    posição depressiva 126-128
    preocupação constante 23-24
    preocupação materna primária 122, 125-126
    psicanalista fazendo algo mais 40-41
    relações objetais internas 67, 84-85n7
    status de unidade 126-127
    tornar-se um sujeito 122, 127-128
Wood. M. 92-93, 149-150